美しいグラデーションが楽しめる

段染め糸の刺繍

小西ゆり

日本文芸社

色は魔法のように
心に染み込んで
嬉しくも、楽しくもなる。

色は宝石のように
彩りを変化させて
美しくも、華やかにもなる。

段染め刺しゅう糸を手に取れば
色の持つ不思議な魅力に
ときめきを感じます。

ステッチを進めると
段染め刺しゅう糸は綺麗なグラデーションとなって
ときには
意外な配色になることも……。

パレットの絵の具のように
色合いの異なる段染め刺繍糸や、単色糸と合わせて
新たな発見につなげても良いでしょう。

豊かなバリエーションの
段染め刺しゅう糸を自由に繰り
色と遊びながら
ひと針ひと針
刺しゅうを楽しんでいただきたい。

そんな思いをお届けできたら
光栄です。

刺繍作家　小西ゆり

CONTENTS

1本の糸がさまざまな色に染め分けられている段染め糸
その使い方はさまざまです
1本の糸で1つの図案を刺していくことで
自然にカラフルなデザインが完成します
さらに色が変わる位置を考えて刺すことで
紅葉や花びらなどの自然の濃淡を
1本の糸で表すこともできます

段染め刺しゅう糸について

1本の糸が段階的に何色にも染め分けられた段染め刺しゅう糸は、
色の組み合わせも同系色から反対色までさまざま。
さらにグラデーションの間隔にも何パターンかあります。
それらの特徴をつかんで作品に応用しましょう。

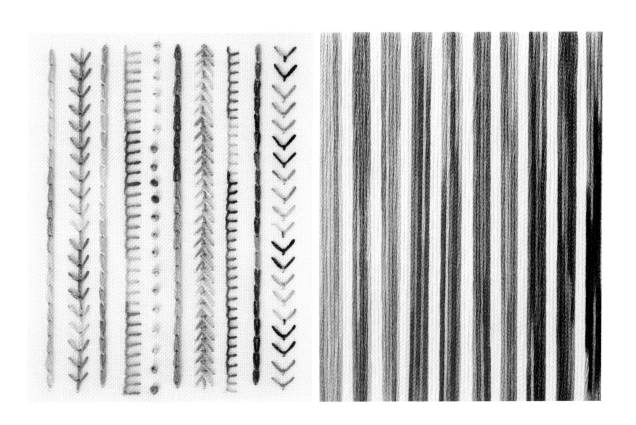

段染め刺しゅう糸の楽しみ方

色が変わる間隔の違い

実物大図案 ▶ *p.91*

ごく短い間隔で変化

長い間隔で変化

色の濃淡でゆるやかに

モダンな配色で

布によるイメージ

刺しゅう糸に対して、相性が良い色・同系色などと布を変えます。

布だけを変えた場合

刺しゅう糸とデザインは同じでも、布によって印象が変わります。

同じ図案と同じ糸を使って

右は糸を引き揃える際に色をずらしたもの

何種類かの糸を引き揃えて

段染め糸＋段染め糸　　　　　　　段染め糸＋単色糸

糸の選び方でデザインが変わる

同系色の糸で　　　　アクセントカラー入り　　　コントラストくっきり

段染め刺しゅうのテクニック

実物大図案 ► *p.61*

▶ 色を選んでステッチ

出したい色が表に出るように調整します。

1 次に出る色を確認しつつ次の図案へ。

2 入れたくないブルーが出てきたらいったん糸を切ります。

3 ブルーをカットし、続けて赤から紫のグラデーションだけで刺しゅうします。

▶ 濃淡で表現する

淡い色から濃い色へ変わる糸を選んで、葉に濃淡をつけます。

1 濃い色から始めた葉と、薄い色から始めた葉を刺し終わりました。

2 3枚めの葉は、淡い色からスタートするように調節します。

3 濃い緑でちょうど刺し終わりました。

▶ 色の変化を楽しむ

糸を巻き付けるステッチで色の変化を表現します。

1 濃いオレンジからスタートするように調整し、最初のストレートステッチを刺します。

2 ぐるぐると糸をかけていきます。

3 黄土色に変化し、最後はカラシ色で終わって完成。

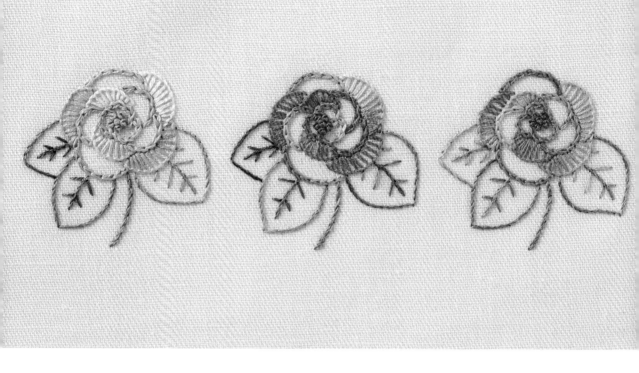

バラのサンプラーとポッシェ

how to make ► *p.52*

一種類の段染め刺しゅう糸で、
中心から円を描くようにステッチを進め、糸の濃淡を出す。
グラデーションの美しいバラを刺したら、
小物入れに仕立てて。

葉のサンプラーと
ブックカバー

how to make ▶ *p.54、56*

ゆるやかに色味を変える
葉のモチーフで作るブックカバーは、
読書タイムを彩る。
実際の葉の色にこだわらず、
自由に色を選ぶのがおすすめ。

タッセルのサンプラーと手提げ

how to make ▸ *p.57、58*

タッセルを"作る"のではなく

"刺しゅう"して、一味違った仕上がりに。

5番糸の太さや質感の魅力を活かし、タッセルらしい光沢も。

ストラップはビーズをつなげて、動きをつける。

四季のリースの額

how to make ► *p.62*

春夏秋冬をひとつのフレームにまとめ、季節の移ろいをとじ込める。
基本のステッチに、刺しゅう糸の色を変えるだけで季節を描き、
美しい草花を装う。

クリスマスリースの額

how to make ▸ p.63

四季のリースの額（p.16）と同じ図案でも、
段染め刺しゅう糸を変えるだけでクリスマステイストに早変わり。
色の変化がゆるやかなグリーンの段染め刺しゅう糸を使った、
落ち着きのあるリース。
赤の単色糸で、グリーンをより引き立たせる。

ティーポットの額

how to make ▸ *p.64*

クールな色でまとめた花葉で鮮やかに。
全体を通して同じ段染め刺しゅう糸を使うことで、
グラデーションの変化が綺麗になる。

コーヒーポットの額

how to make ▸ *p.65*

温かみのある暖色系に
若葉のようなライトグリーンをプラス。
輪郭は、単色の刺しゅう糸で引き締める。

幸せの巾着

how to make ▸ *p.66*

"幸福"をイメージしたアイテムを
金糸や銀糸をアクセントに刺しゅうする。
糸を巻いたウッドビーズで、
さらに可愛らしく。

花の巾着とティッシュケース

how to make ▸ p.69、70

小さな花束を、巾着とティッシュケースに仕立てる。
花にちりばめたビーズがアクセントになり、愛らしい雰囲気。

花のソーイングセット

how to make ► *p.72、74、76*

ニードルブックとはさみケース、ピンクッションの3アイテム。
同じ図案と刺しゅう糸でも、布の色合いで違った趣きに。

Chocolate

Blueberry

Pistachio

Sugar Rose

Lemon

カップケーキの
ピンクッション

how to make ▸ *p.77*

まるで本物のスイーツのように、キュートなピンクッション。
刺しゅう糸の本数を増やして、クリームたっぷりにもできる。

草花のポーチ

how to make ▸ *p.80*

同じパターンをくり返す図案は、
変化が短い間隔でくっきりした色味の
段染め刺しゅう糸を。
刺しゅうと同じ糸で作った
タッセルがポイント。

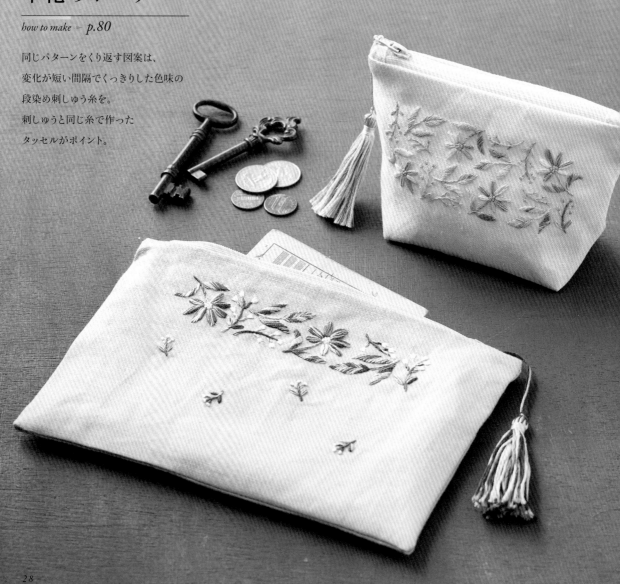

葉のブローチ

how to make ▸ *p.83、85*

葉の色を変えるだけで季節感が増し、異なった印象が楽しめる。
段染め刺しゅう糸をそのまま使うとはっきりした模様に、
糸をずらして使うとやわらかいできばえに。

ウッドビーズの
ネックレス

how to make ► *p.86*

段染め刺しゅう糸を巻くだけで、色の変化が美しいビーズに。
コロコロとしたビーズが綺麗に連なった、ネックレスの完成。

花のブローチ

how to make ▸ *p.87*

花びらを1枚ずつ作って組み立てた、
立体刺しゅうのブローチ。
段をつけることで、自然なグラデーションに。
落ち着いた色合いで、大人なテイストをまとって。

白い花とベリーの額

how to make ▸ *p.88*

地刺しと立体刺しゅうを組み合わせて、 ひとつの作品に。
ワイヤーで作った花びらで、 ニュアンスを絶妙に表現。
赤い実は、濃い青系の段染め刺しゅう糸と合わせて深みを出し、
白い花で透明感を演出。

どんぐりと葉の額

how to make ▸ p.89

地刺しながらも、ぷっくりとふくらんだどんぐりと
立体的なオレンジの実は、秋らしい世界観を醸し出す。
紅葉の複雑な色合いは、段染め刺しゅう糸を何色も組み合わせ、
差し色に緑を入れて暗くなりすぎないよう調節する。

花と蝶の額

how to make ► *p.90*

モノトーンでシックにまとめた地刺しの花に、
ビビッドなカラーの蝶が舞う。
グレーの段染め刺しゅう糸の濃淡を意識して、
バランス良く配置する。

how to make

刺しゅうの道具と材料

刺しゅうに使用する道具と材料を紹介します。

1 ビーズ各種
2 チャコペーパー
3 トレーシングペーパー
4 セロハン
5 布（リネン、コットン、ガーゼ）
6 チャコペン
7 トレーサー
8 段染め刺しゅう糸（5番）
9 段染め刺しゅう糸（25番）
10 単色刺しゅう糸（25番）
11 金糸・銀糸
12 糸切りはさみ
13 はさみ（小）
14 はさみ（大）
15 刺しゅう針・まち針・
　 その他の針各種
16 スレダー
17 刺しゅう枠（大・小）

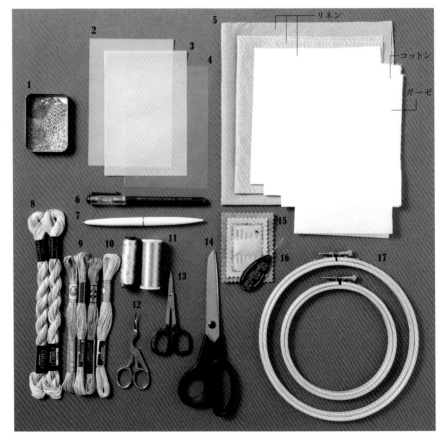

※COSMOの段染め刺しゅう糸（グラデーション）は、Seasonsというブランドのシリーズです。

立体刺しゅうに必要な道具と材料

この本では、ワイヤーを使ってパーツを作り、
立体的に仕上げる立体刺しゅうの作品を取り上げています。
立体刺しゅうに使用する道具と材料を紹介します。

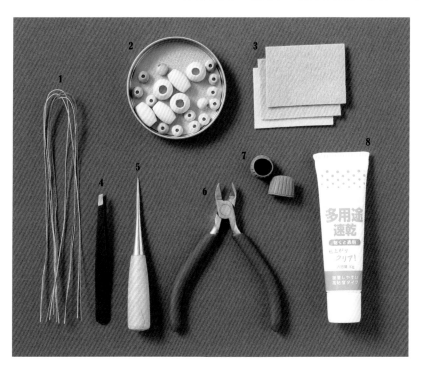

1　地巻きワイヤー
花びらや葉などのパーツを形作るために
使用します。

2　ウッドビーズ各種
刺しゅう糸を巻いて木の実などの巻き玉
を作ります。

3　フェルト
切り抜いて布に付け、その上に刺しゅう
をすることでボリュームをもたせます。

4　毛抜き
ワイヤーを折り曲げるときに使用します。

5　目打ち
パーツを取り付ける穴を開けたり、パー
ツの折り代を織り込むときに使います。

6　ニッパー
ワイヤーをカットします。

7　指サック
指にはめて針を引き抜きやすくします。

8　多用途接着剤
パーツや糸やワイヤーを接着するときに
使います。

刺しゅうの基本

図案の写し方や
刺しゅう糸の扱い方、
布の準備などの
基本を学びます。

図案の写し方

1 布の上にチャコペーパーを裏を下にして置き、セロハンを乗せて図案をなぞります。

2 線がかすれてしまったときは、図案を見ながらチャコペンで線をつなぎます。

刺しゅう糸の準備

刺しゅう糸の束から必要な長さ(40〜60cm)の糸を引き出してカットします。

糸の通し方

1 25番の糸は6本の束になっているので、そこから1本ずつ引き出します。針の頭を使うと便利。

2 必要な本数の糸を揃えて、糸端を針の頭の平らな部分にかけて指でつぶして折り目を付けます。

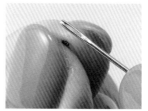

3 指で糸を押さえたまま、針をそっと抜き、針穴を糸の折り山に近づけて通します。

4 糸が通りました。針は糸の本数に合わせた針穴のものを選びます。

布の準備

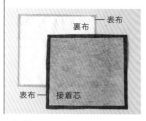

1 刺しゅうの前に、表布に裏布を重ねるか、接着芯を布の裏に貼ります。

2 刺しゅう枠のネジをゆるめて内枠を布の下に置きます。

3 布をピンと張った状態で外枠をはめ、ネジを締めます。

4 ゆるみがある場合は、左右上下に布を引っ張ります。布目が垂直になるようにします。

刺し始めと刺し終わり

▼

刺し始めや刺し終わりの方法を学びます。

ほかのステッチがない場合…その1

1 玉結びはせず、離れた位置から針を入れ、刺し始めます。

2 刺し終わりは、刺し始めに残した **1** の糸を裏から針の頭で引き出します。

3 針に糸を通し、布の裏側のステッチに絡めて切ります。

ほかのステッチがない場合…その2

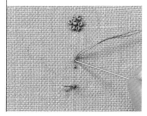

1 玉結びをして図案上の離れたところを小さく2針縫います。

2 ステッチを始める位置から針を出し、刺し始めます。

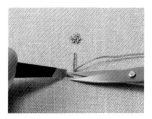

3 2針縫ったところをステッチで隠し、玉結びは途中で切ります。毛抜きを使うと便利です。

ステッチがある場合

刺し始めも刺し終わりも、裏側のステッチに2～3回糸を絡めます。

ステッチで隠す場合

1 あとから刺しゅうをして隠れるところがあれば、図案の中を小さく2針縫います。

2 離れたところから糸を出し、はさみで切ります。小さく2針縫っているのでほどけません。

仕上げについて

作品に仕立てる前に、刺しゅう枠を外したあとの凹凸をアイロンでならしておきます。刺しゅうは避けてアイロンをかけましょう。

基本のステッチ

この本で使われる刺しゅうのステッチをイラストで解説します。

※Sはステッチの略

▶ **ストレートS**

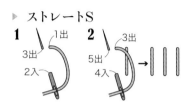

▶ **サテンS**

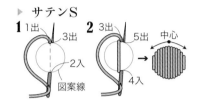

▶ **バックS**

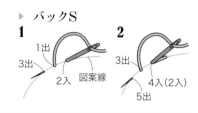

▶ **ステムS**

この本ではアウトラインステッチではなく、ステムステッチを使っています。似ていますが、正確には糸の重なりの向きが違います。

▶ **スタブS**

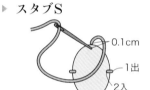

▶ **コーチング**

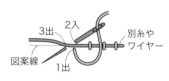

▶ **サテンコーチング**

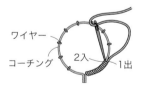

▶ **レゼーデージー S**

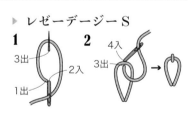

▶ **チェーンS**

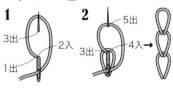

▶ **フライS**

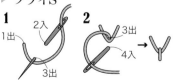

▶ **フィッシュボーンS**

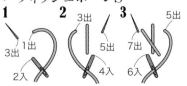

▶ フレンチノットS

1 1〜2回巻きつける
1出

2 2入 1出

▶ バリオンノットS

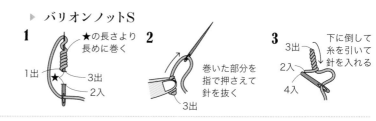

1 ★の長さより長めに巻く
1出 ★ 3出 2入

2 巻いた部分を指で押さえて針を抜く
3出

3 下に倒して糸を引いて針を入れる
3出 2入 4入

▶ スパイダーズウェブ

1 5本の足をストレートステッチで刺す

2 1出 針先の丸い刺しゅう針を1本おきにくぐらせる

3 糸を中心に寄せながらくぐらせ、図案を埋める

▶ ボタンホールS

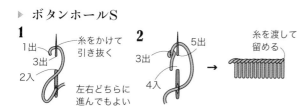

1 1出 糸をかけて引き抜く
3出 2入
左右どちらに進んでもよい

2 3出 5出 4入 → 糸を渡して留める

▶ ボタンホールホイールS

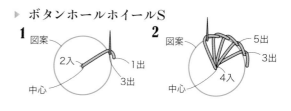

1 図案 2入 中心 1出 3出

2 図案 5出 中心 4入 3出

▶ ブランケットS

1 3出 1出 2入
左右どちらに進んでもよい

2 3出 4入

3 糸を渡して留める

▶ ロング＆ショートS

1 1出 3出 図案 2入

2 1段目の糸を割って針を出す → 上側に長短をつける

基本の仕立て

▽

額装の仕方と
タッセルの作り方を
詳しく解説します。

額装の仕方

←刺しゅうした布

厚紙

1 刺しゅうが終わったあとの布の裏に、額の内枠より周囲0.1cmほど小さい厚紙を置きます。

2 布の上側を折り、虫ピンを厚紙の側面に留めます。下側は布をピンで張りながら留めます。

3 上下を虫ピンで留めたら、折り代の布を丈夫な糸で千鳥がけのようにかがります。

4 上下の布を交互にすくいながら右側に移動していきます。

5 途中で糸のゆるみを確認し、ゆるんでいるところは指で糸を引っ張りながらピンと張ります。

6 糸が足りなくなったら、上端か下端で糸を輪にし、針の頭をくぐらせて玉止めをします。

7 上下をかがり終わりました。

8 角の縫い代はもたつくことがあるので、ここで45度の線を引いてカットします。

9 90度回転させ、左右をかがります。四隅は布がはみ出さないように少し内側に折ります。

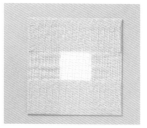

10 完成です。立体刺しゅうの場合は、パーツがつぶれないように空き箱の上で作業します。

小さな作品の場合

小さな作品は、上下左右の折り代に両面テープを貼り、厚紙の裏側に貼り付けます。

タッセル

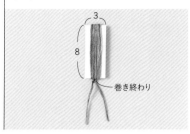

1 3×8cmの厚紙に刺しゅう糸を6m分巻きます。巻き終わりは2回結んでおきます。

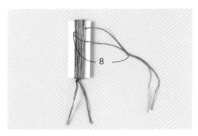

2 40cmの刺しゅう糸（6本どりのまま）を通し、8cmのループを作ってひと結びします。

3 40cm刺しゅう糸（3本どり）の糸端を玉結びし、**2**の結び目に針を通して固定します。

4 厚紙を外し、**2**の結び目を隠れるように移動させます。

5 **3**の糸で上から1cmのところから下に0.5cm幅分しっかり巻きます。

6 巻き終わりは裏側で巻いた糸の下側に数回絡め、残りの糸は中に通して下に出します。

三つ編みひもタッセル

7 タッセルをふせんで巻いてまとめておき、糸端をカットして好みの長さにします。

8 ループをタッセルの上ギリギリでひと結びし、完成です。

2のループの代わりに刺しゅう糸（6本どりを3本）で三つ編みをして、糸端を別糸で結びます。**1**～**8**と同じ手順で作ります。

立体刺しゅうの基本

▼

ワイヤーで作る
パーツの作り方を
学びます。

ワイヤーの付け方

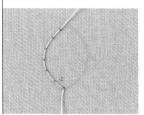

1 布に図案を写して刺しゅう枠にはめ、折り曲げたワイヤーをコーチングで付けます。

2 図案の角まで来たら、毛抜きでワイヤーを折り曲げます。

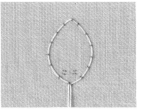

3 図案の下端は**1**と同様にワイヤーを折り曲げて角を1針留め、ワイヤーを残して切ります。

ワイヤーを残さない場合

ワイヤーの始めと終わりを重ね、コーチングで留めてワイヤーを切ります。

パデッドサテンS ※Sはステッチの略です。ステッチの仕方はp.47参照。

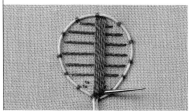

1 ストレートSなどを下に刺しておき、上からサテンSをします。

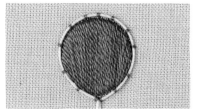

2 ワイヤーの内側に刺すパデッドサテンSが完成。ふっくらとしたステッチになります。

ワイヤー越えのステッチ

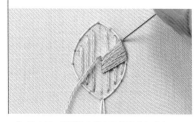

1 ワイヤーを越えたきわに針を入れます。

2 ワイヤーが隠れるようにすき間なく刺しゅうします。

扇状に刺すコツ

サテンSやロング＆ショートSを扇状に広がるように刺すためには、1〜2針に一度は前のステッチの下側から針を出します。

ロング＆ショートS

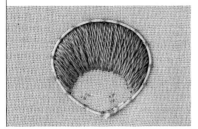

1 何段かのステッチを重ねるロング＆ショートS（p.43参照）の基本です。まずは1段目を刺します。

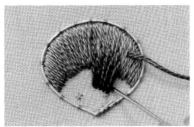

2 2段目は1段目に重ねて刺します。このとき上側は、長短のステッチを交互に繰り返します。

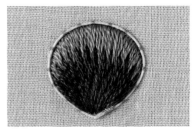

3 3段目も同様に2段目に重ねて刺し、上側に長短のステッチを交互に繰り返します。

ワイヤーを隠すステッチ

この本で使われている2種類のステッチを紹介します。
※わかりやすいようにワイヤーの内側の刺しゅうは省いています。

サテンコーチング

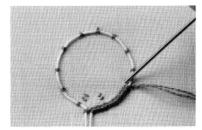

コーチングの間隔を詰めて、ワイヤーが見えないように刺します。

ボタンホールS

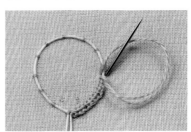

ボタンホールSでワイヤーを隠します。

切り取り方…折り代を残さない場合

1 刺しゅうした布を刺しゅう枠から外し、大まかに布をカットします。

2 ステッチの糸を切らないように注意しながら、きわをカットします。

3 完成です。

切り取り方…折り代を折る場合

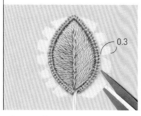

1 p.47 1と同様に布を裁断。0.3cmの折り代を残してカットし、切り込みをV字に入れます。

2 折り代に接着剤を少量付け、目打ちで折ります。ステッチが見えるまできっちり折ります。

3 裏側は、表側のステッチが見えるようにします。

4 接着剤が乾いたら完成です。

取り付け方…ワイヤーがある場合

1 土台布を刺しゅう枠にはめ、取り付け位置に目打ちで穴を開けて、パーツのワイヤーを差し込みます。

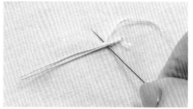

2 ワイヤーを差し込んだ向きと逆方向に倒し、裏布をすくうコーチングで留めます。

3 余ったワイヤーは1〜2cm残してニッパーでカットします。

取り付け方…ワイヤーがない場合

1 スタブSで留め付けます。取り付け位置にパーツを置き、すぐ近くから針を出します。

2 パーツの0.1cmほど内側に針を入れます。

3 これを何針か繰り返し、パーツを留めていきます。

4 完成です。

その他のパーツの作り方

▼

巻き玉や茎の作り方、
フェルトの付け方を
紹介します。

巻き玉

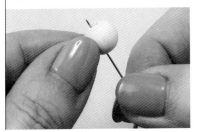

1 針に長めの糸を通し、ウッドビーズの下から針を入れます。糸は1〜2本どりにします。

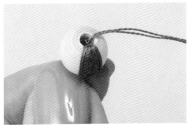

2 これを繰り返し、1/8ずつに分けて巻いていきます。糸は交差しないようにします。

ビーズを付ける

3 時折り内側の糸に絡めながら針を通します。糸を追加するときも同様にします。

針に糸を通し、下から針を入れてビーズを通し、上から下に戻します。

糸を切って完成させる

糸を残さない場合は、余分な糸をウッドビーズのきわでカットします。

茎の付け方

ワイヤーの先に多用途接着剤を付け、刺しゅう糸をよけてウッドビーズの穴に刺します。

穴が小さい場合

目打ちを刺して穴を少し広げておきます。

49

茎に糸を巻く

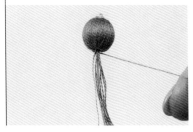

1 ワイヤーを差した巻き玉の根もとに刺しゅう糸（1本どり）を2〜3回巻き付けます。

2 すべての糸とワイヤーを糸が重ならないように下に巻きます。巻き終わりは糸を輪にして糸端をくぐらせて結びます。

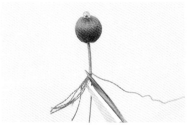

3 巻いた糸は取り付け用として残し、余分な糸は巻き終わりのきわでカットします。

茎の作り方

1 ワイヤーに糸を巻き、茎を作ります。糸が重ならないように指定の長さ分を巻きます。

2 巻いたところを毛抜きで折り曲げます。

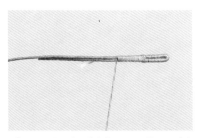

3 長いほうの糸で巻き終わりから続けて2本をまとめて巻きます。

フェルトの付け方

1 厚みをもたせたい場合は、大小2枚のフェルトを重ねます。

2 土台布の付け位置に小→大の順に重ねます。上下左右をスタブSで(p.42参照)で留めます。

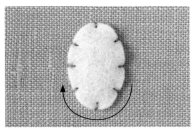

3 残りをスタブSで留めます。右回りでも左回りでも構いません。

作品の作り方

刺しゅうの基本はp.38〜50をご覧ください。

- ・図中の数字の単位はcmです。
- ・「S」はステッチの略です。
- ・刺しゅうをする布は、刺しゅう枠にはめるため大きめに用意し、
  刺しゅうをしたあとで裁ちます。
- ・裁ち方図には縫い代は含まれていません。
  指定以外は縫い代1cmを付けて布を裁ちます。

photo / *p.10* # バラのサンプラーとポッシェ

できあがり寸法 10×10cm

材料 ※色文字は段染め刺しゅう糸 ※材料は1点分

COSMO刺しゅう糸

オレンジ……5008、5014 **紫**……8024、8067
ピンク……5004、8024 **黄色**……5014、8028
前・後ろ用リネン（ベージュ）……30×15cm
裏布（ガーゼ）……15×15cm
直径0.1cmのコード（シルバー）……15cm

作り方

1 前の裏側に裏布を重ねて刺しゅうをする

2 後ろを作る

3 仕立てる

裁ち方

前(1枚) （裏布同寸）   **後ろ(1枚)**

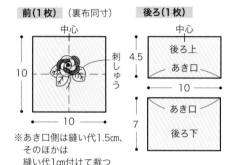

※あき口側は縫い代1.5cm、
そのほかは
縫い代1cm付けて裁つ

後ろの作り方

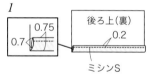

あき口側の縫い代を三つ折りにして
ミシンS ※後ろ下も同様に

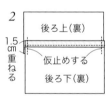

後ろ上と後ろ下のあき口を
1.5cm重ねて仮止めする

できあがり図 （4点同寸）

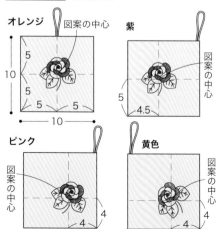

仕立て方

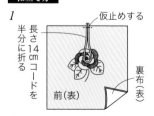

裏布を重ねて刺しゅうをした前に
コードを仮止めする

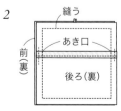

前と後ろを中表に
合わせて周囲を縫い、
あき口から表に返す

52

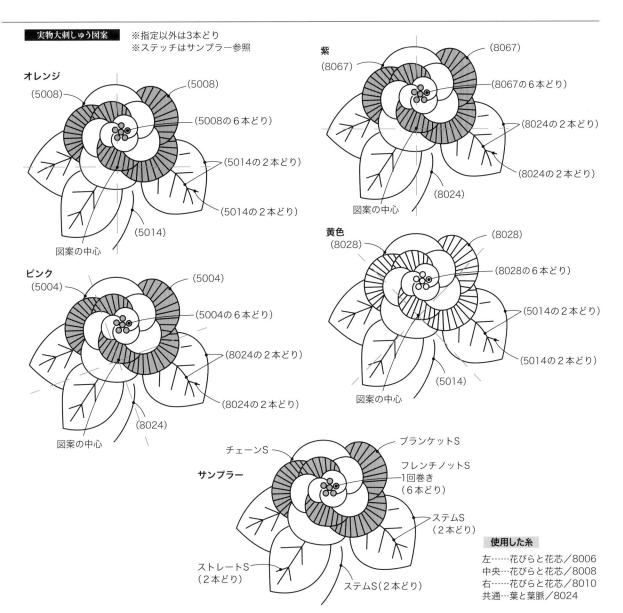

実物大刺しゅう図案 ※指定以外は3本どり
※ステッチはサンプラー参照

オレンジ
(5008)
(5008)
(5008の6本どり)
(5014の2本どり)
(5014の2本どり)
(5014)
図案の中心

紫
(8067)
(8067)
(8067の6本どり)
(8024の2本どり)
(8024の2本どり)
(8024)
図案の中心

ピンク
(5004)
(5004)
(5004の6本どり)
(8024の2本どり)
(8024の2本どり)
(8024)
図案の中心

黄色
(8028)
(8028)
(8028の6本どり)
(5014の2本どり)
(5014の2本どり)
(5014)
図案の中心

サンプラー
チェーンS
ブランケットS
フレンチノットS
1回巻き
(6本どり)
ステムS
(2本どり)
ストレートS
(2本どり)
ステムS(2本どり)

使用した糸
左……花びらと花芯／8006
中央…花びらと花芯／8008
右……花びらと花芯／8010
共通…葉と葉脈／8024

できあがり寸法 15.5×32 cm

材料　※色文字は段染め刺しゅう糸　※材料は1点分

DMC 刺しゅう糸

　葉……4505、4509、33、3687

　コーヒーカップ……4000、4045、3768

本体用リネン……45×25 cm

裏布……35×20 cm

接着芯……35×15 cm

バンド用の幅1 cmのサテンリボン……20 cm

作り方

1　刺しゅう部分の裏側に接着芯を貼って
　　刺しゅうをする

2　仕立てる

できあがり図（2点同寸）

葉

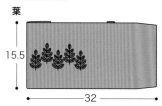

コーヒーカップ

裁ち方

本体(1枚)

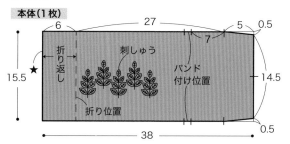

※折り返し側の辺(★)は縫い代2cm、そのほかは縫い代1cm付けて裁つ

裏布(1枚)

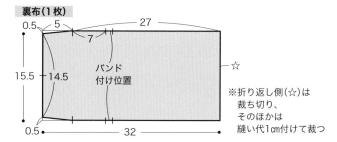

※折り返し側(☆)は
　裁ち切り、
　そのほかは
　縫い代1cm付けて裁つ

仕立て方

1

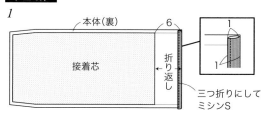

本体の裏側に折り返し部分を残して
接着芯を貼り、刺しゅうをする
折り返し側の縫い代を三つ折りにしてミシンS

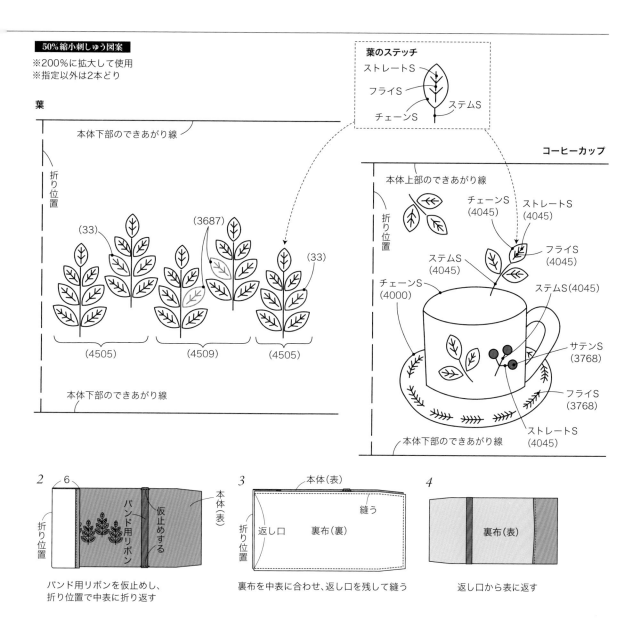

※200%に拡大して使用
※指定以外は2本どり

葉

本体下部のできあがり線

折り位置

(33)

(3687)

(33)

(4505)

(4509)

(4505)

本体下部のできあがり線

葉のステッチ

ストレートS

フライS

チェーンS

ステムS

コーヒーカップ

本体上部のできあがり線

折り位置

チェーンS
(4045)

ストレートS
(4045)

ステムS
(4045)

フライS
(4045)

チェーンS
(4000)

ステムS(4045)

サテンS
(3768)

フライS
(3768)

ストレートS
(4045)

本体下部のできあがり線

2

6

折り位置

バンド用リボン

仮止めする

本体(表)

バンド用リボンを仮止めし、
折り位置で中表に折り返す

3

本体(表)

縫う

返し口

裏布(裏)

折り位置

裏布を中表に合わせ、返し口を残して縫う

4

裏布(表)

返し口から表に返す

photo
p.13 葉のサンプラー

材料　※色文字は段染め刺しゅう糸

DMC刺しゅう糸
……4500、4505、4506

実物大刺しゅう図案

※指定以外は2本どり

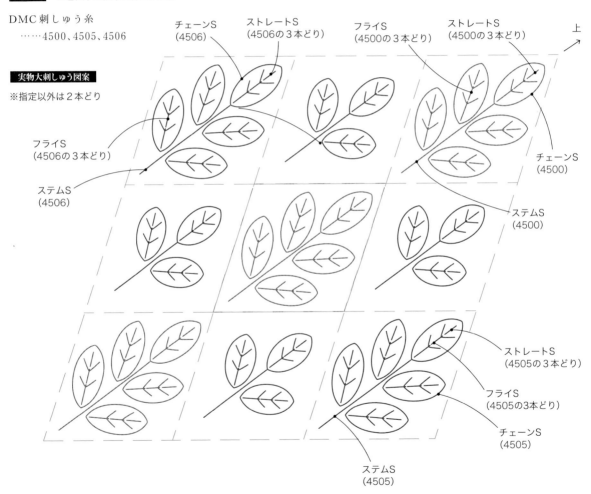

チェーンS
(4506)

ストレートS
(4506の3本どり)

フライS
(4500の3本どり)

ストレートS
(4500の3本どり)

上

フライS
(4506の3本どり)

ステムS
(4506)

チェーンS
(4500)

ステムS
(4500)

ストレートS
(4505の3本どり)

フライS
(4505の3本どり)

チェーンS
(4505)

ステムS
(4505)

タッセルのサンプラー

材料 ※色文字は段染め刺しゅう糸

COSMO 刺しゅう糸
　……5029、102（5番）、106（5番）、
107（5番）、109（5番）、206（5番）、209
（5番）、2007、2017、2030、2033
　……にしきいと No.22、
マイラーラメ No.7512-1

実物大刺しゅう図案 ※指定以外は1本どり

❖ 房のステムSは、両サイド と中心を刺してから内側 を埋める(p.60参照)

point

「フェルトにサテンS」
の刺し方

①図案の点線で
　フェルトを裁つ

②指定色の刺しゅう糸
　1本どりで縫い付ける
　(p.50参照)

↓

③フェルトの上に
　サテンS

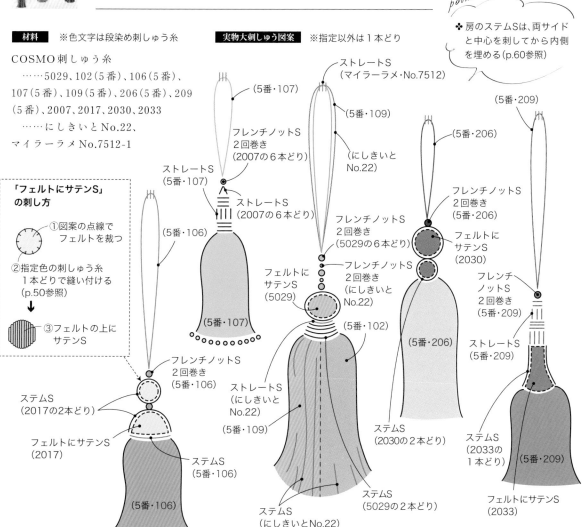

ストレートS
(5番・107)

フレンチノットS
2回巻き
(2007の6本どり)

ストレートS
(5番・107)

ストレートS
(2007の6本どり)

(5番・106)

(5番・107)

ストレートS
(マイラーラメ・No.7512)

(5番・109)

(にしきいと
No.22)

フレンチノットS
2回巻き
(5029の6本どり)

フェルトに
サテンS
(5029)

フレンチノットS
2回巻き
(にしきいと
No.22)

(5番・102)

ストレートS
(にしきいと
No.22)

(5番・109)

(5番・209)

(5番・206)

フレンチノットS
2回巻き
(5番・206)

フェルトに
サテンS
(2030)

(5番・206)

ステムS
(2030の2本どり)

フレンチ
ノットS
2回巻き
(5番・209)

ストレートS
(5番・209)

ステムS
(2033の
1本どり)

(5番・209)

フェルトにサテンS
(2033)

フレンチノットS
2回巻き
(5番・106)

ステムS
(2017の2本どり)

フェルトにサテンS
(2017)

ステムS
(5番・106)

(5番・106)

ステムS
(5029の2本どり)

ステムS
(にしきいとNo.22)

タッセルの手提げ

できあがり寸法　大 32×24cm　小 25×21cm

材料　※色文字は段染め刺しゅう糸

大

COSMO刺しゅう糸……5026、207（5番）

本体用リネン（紫）……35×60cm

裏布（紫）……35×55cm

接着芯……40×30cm

フェルト（紫）……5×5cm

幅1.5cmのグログランリボン（ピンク、紫）……各70cm

特大ビーズ（白）……2個

丸大、丸小ビーズ（クリア、白）……各適量

小

COSMO刺しゅう糸……8020、902、202（5番）

本体用リネン（ブルーグリーン）……30×55cm

裏布（ブルーグリーン）……30×50cm

接着芯……25×30cm

フェルト（緑）……5×5cm

幅1.5cmのグログランリボン（青、緑）……各65cm

丸大ビーズ（クリアブルー）……5個

丸大ビーズ（緑）……各適量

作り方

1　前の裏側に接着芯を貼って刺しゅうをする

2　持ち手を作る

3　仕立てる

※実物大の刺しゅう図案はp.60

できあがり図

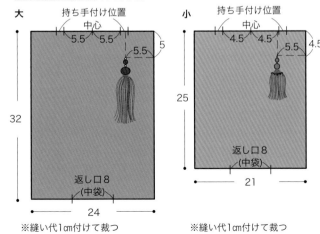

裁ち方

前・後ろ(各1枚)（中袋同寸）

※縫い代1cm付けて裁つ

※縫い代1cm付けて裁つ

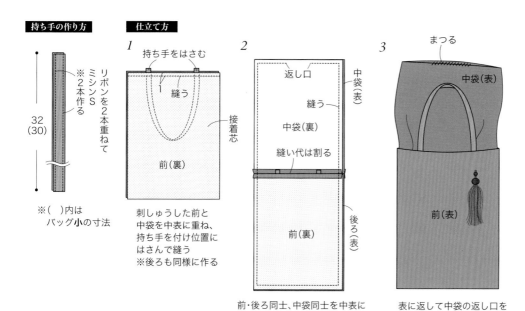

持ち手の作り方

32
(30)

※( )内は
バッグ小の寸法

リボンを2本重ねて
ミシンS
※2本作る

仕立て方

1

持ち手をはさむ

1 縫う

前(裏)

接着芯

刺しゅうした前と
中袋を中表に重ね、
持ち手を付け位置に
はさんで縫う
※後ろも同様に作る

2

返し口

中袋(表)

縫う

中袋(裏)

縫い代は割る

前(裏)

後ろ(表)

前・後ろ同士、中袋同士を中表に
合わせ、返し口を残して縫う

3

まつる

中袋(表)

前(表)

表に返して中袋の返し口を
まつってとじる

4

中袋
(表)

持ち手(表)

前(表)

タッセルの
刺しゅうの上に
ビーズのひもを
付ける

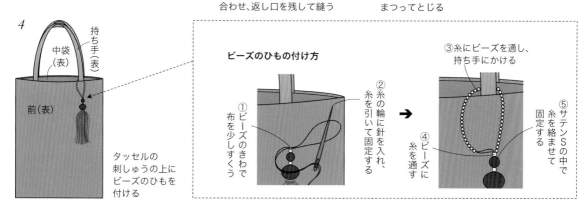

ビーズのひもの付け方

①ビーズのきわで
布を少しすくう

②糸の輪に針を入れ、
糸を引いて固定
する

③糸にビーズを通し、
持ち手にかける

④ビーズに
糸を通す

⑤サテンSの中で
糸を絡ませて
固定する

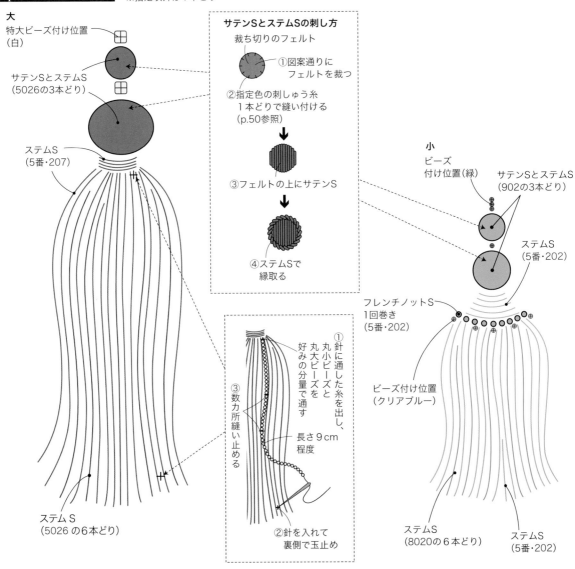

大

特大ビーズ付け位置
（白）

サテンSとステムS
（5026の3本どり）

ステムS
（5番・207）

ステムS
（5026の6本どり）

サテンSとステムSの刺し方

裁ち切りのフェルト

①図案通りに
フェルトを裁つ

②指定色の刺しゅう糸
1本どりで縫い付ける
（p.50参照）

③フェルトの上にサテンS

④ステムSで
縁取る

小

ビーズ
付け位置（緑）

サテンSとステムS
（902の3本どり）

ステムS
（5番・202）

フレンチノットS
1回巻き
（5番・202）

ビーズ付け位置
（クリアブルー）

ステムS
（8020の6本どり）

ステムS
（5番・202）

①針に通した糸を出し、
丸小ビーズと
丸大ビーズを
好みの分量で
通す

長さ9cm
程度

③数カ所縫い止める

②針を入れて
裏側で玉止め

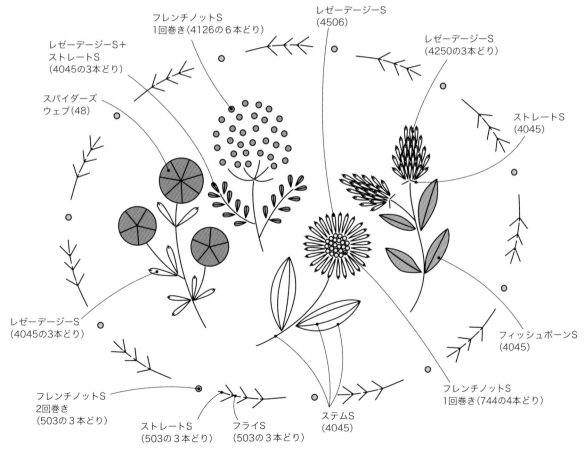

材料 ※色文字は段染め刺しゅう糸　　　**実物大刺しゅう図案** ※指定以外は2本どり

DMC 刺しゅう糸
　……48、4045、4126、4250、4506、503、744

フレンチノットS
1回巻き(4126の6本どり)

レゼーデージーS
(4506)

レゼーデージーS
(4250の3本どり)

レゼーデージーS＋
ストレートS
(4045の3本どり)

スパイダーズ
ウェブ(48)

ストレートS
(4045)

レゼーデージーS
(4045の3本どり)

フィッシュボーンS
(4045)

フレンチノットS
2回巻き
(503の3本どり)

フレンチノットS
1回巻き(744の4本どり)

ストレートS
(503の3本どり)

フライS
(503の3本どり)

ステムS
(4045)

四季のリースの額

できあがり寸法 14×14 cm（額の内寸）

材料 ※色文字は段染め刺しゅう糸　**実物大刺しゅう図案** ※指定以外は3本どり

COSMO刺しゅう糸……5033、8020、8057、9013
土台用のリネン（白）……25×25 cm
裏布……25×25 cm
内寸14×14 cmの額……1個

作り方

1 土台布に裏布を重ねて
　刺しゅうをする

2 額装する
　（p.44参照）

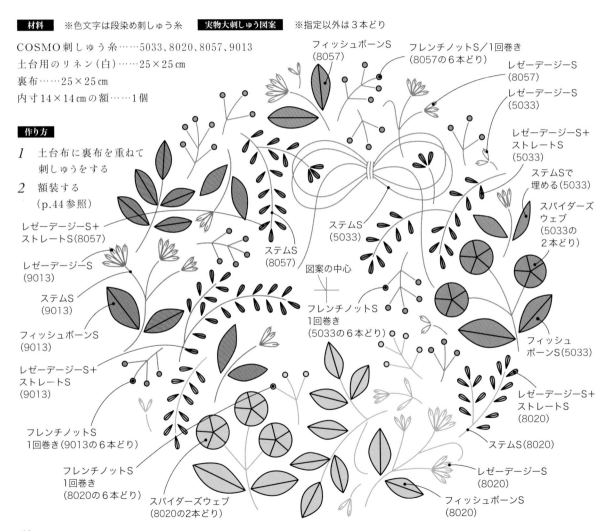

フィッシュボーンS
(8057)

フレンチノットS／1回巻き
(8057の6本どり)

レゼーデージーS
(8057)

レゼーデージーS
(5033)

レゼーデージーS＋
ストレートS
(5033)

ステムSで
埋める(5033)

スパイダーズ
ウェブ
(5033の
2本どり)

ステムS
(8057)

ステムS
(5033)

図案の中心

フレンチノットS
1回巻き
(5033の6本どり)

フィッシュ
ボーンS(5033)

レゼーデージーS＋
ストレートS(8057)

レゼーデージーS
(9013)

ステムS
(9013)

フィッシュボーンS
(9013)

レゼーデージーS＋
ストレートS
(9013)

フレンチノットS
1回巻き(9013の6本どり)

フレンチノットS
1回巻き
(8020の6本どり)

スパイダーズウェブ
(8020の2本どり)

レゼーデージーS＋
ストレートS
(8020)

ステムS(8020)

レゼーデージーS
(8020)

フィッシュボーンS
(8020)

クリスマスリースの額

できあがり寸法 14×14cm（額の内寸）

材料 ※色文字は段染め刺しゅう糸　　**実物大刺しゅう図案** ※指定以外は3本どり

COSMO刺しゅう糸……8024、1241、にしきいとNo.21

土台用のリネン（白）……25×25cm

裏布……25×25cm

内寸14×14cmの額……1個

作り方

1 土台布に裏布を
　重ねて刺しゅうをする

2 額装する
　（p.44参照）

ステムS
（1241）

レゼーデージーS
（8024）

ステムSで埋める
（8024）

図案の中心

スパイダーズ
ウェブ
（8024の2本どり）

フレンチノットS
1回巻き
（1241の6本どり）

フレンチノットS
1回巻き
（にしきいとNO.21の1本どり）

フィッシュボーンS
（8024）

レゼーデージーS
（1241）

ステムS
（8024）

レゼーデージーS＋
ストレートS
（8024）

できあがり寸法 12×12cm（額の内寸）

材料 ※色文字は段染め刺しゅう糸　**実物大刺しゅう図案** ※指定以外は2本どり

DMC 刺しゅう糸
……4040、745、3809
土台用のリネン（白）……25×25cm
裏布……25×25cm
内寸12×12cmの額……1個

作り方

1　土台布に裏布を重ねて
　　刺しゅうをする

2　額装する
　　（p.44参照）

ステムS
（4040）

チェーンS（4040）

ストレートS（4040）

フレンチノットS
1回巻き
（4040の4本どり）

フレンチノットS
1回巻き（4040）

バックS（4040）

フライS
（4040）

ステムS
（4040）

図案の
中心

バックS
（4040）

ステムS
（4040）

レゼーデージーS＋
ストレートS
（4040）

フレンチノットS
2回巻き（4040）

レゼーデージーS
（4040）

フレンチノットS
1回巻き（745）

フレンチノットS
1回巻き（745）

チェーンS
（4040）

ストレートS
（4040）

フライS
（4040）

フィッシュボーンS
（4040）

フレンチノットS
1回巻き
（4040の4本どり）

チェーンS（3809）

コーヒーポットの額

できあがり寸法 15×15cm（額の内寸）

材料 ※色文字は段染め刺しゅう糸

DMC刺しゅう糸
……4070、4126、632、3340
土台用のリネン（白）……25×25cm
裏布……25×25cm
内寸15×15cmの額……1個

作り方

1 土台布に裏布を
　重ねて刺しゅうをする

2 額装する
　（p.44参照）

実物大刺しゅう図案 ※指定以外は2本どり

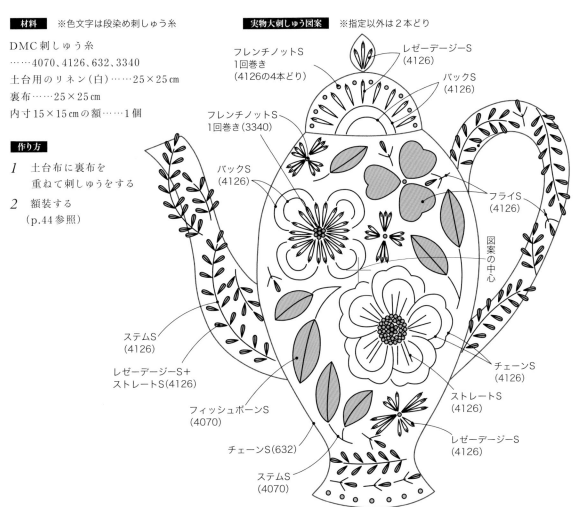

フレンチノットS
1回巻き
（4126の4本どり）

レゼーデージーS
（4126）

バックS
（4126）

フレンチノットS
1回巻き（3340）

バックS
（4126）

フライS
（4126）

図案の中心

ステムS
（4126）

チェーンS
（4126）

レゼーデージーS＋
ストレートS（4126）

ストレートS
（4126）

フィッシュボーンS
（4070）

レゼーデージーS
（4126）

チェーンS（632）

ステムS
（4070）

幸せの巾着

できあがり寸法 13.5×11 cm

材料 ※色文字は段染め刺しゅう糸 ※材料は1点分

DMC刺しゅう糸……53、4129、168、3821
COSMO刺しゅう糸……5020
前・後ろ用リネン（水色）……30×20 cm
口布用の布（ブルーグレー）……15×15 cm
中袋用の布（ブルーグレー）……30×15 cm
接着芯……10×10 cm
直径1.4 cmのウッドビーズ……2個
直径0.2 cmのワックスコード……80 cm

作り方

1 刺しゅう部分の裏側に接着芯を貼って
   刺しゅうをする

2 口布を作る

3 仕立てる

裁ち方

前・後ろ（各1枚） （中袋同寸）

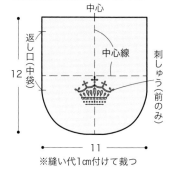

中心
中心線
刺しゅう（前のみ）
返し口（中袋）
12
11
※縫い代1cm付けて裁つ

口布（2枚）

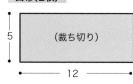

5
（裁ち切り）
12

口布の作り方

1

（裏）
1
1
左右の縫い代を裏側に折る

2

2.5
わ
（表）
外表に半分に折る

仕立て方

1 仮止めする

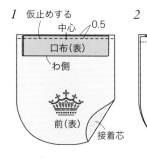

中心
0.5
口布（表）
わ側
前（表）
接着芯

前に口布を中心を
合わせて重ね、仮止めする
※後ろも同様に作る

2

前（裏）
1
縫う
中袋（裏）

中袋を中表に重ねて縫う
※後ろも同様に作る

3

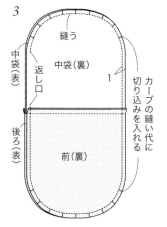

縫う
中袋（表）
中袋（裏）
返し口
後ろ（表）
前（裏）
カーブの縫い代に切り込みを入れる
1

前・後ろ同士、中袋同士を
中表に合わせ、
返し口を残して縫う

4 ひもを長さ40cm 2本にカット

前（表）
中袋の返し口をとじる
巻き玉（3821）
※作り方はp.49参照

表に返して返し口をとじ、
口布の左右からひもを通して
端に巻き玉を通して結ぶ

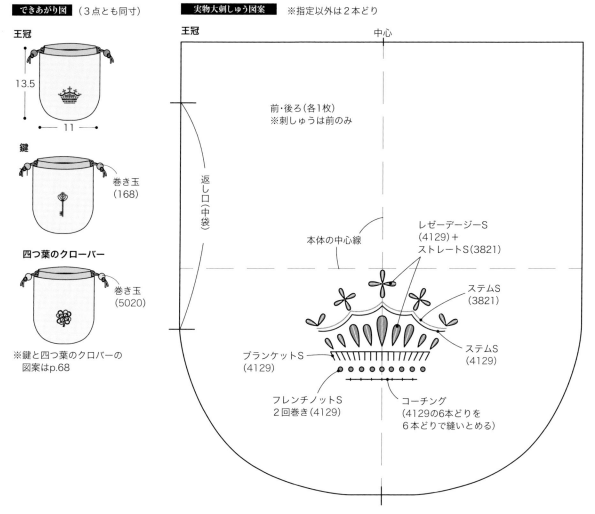

できあがり図（3点とも同寸）

王冠

13.5

← 11 →

鍵

巻き玉
(168)

四つ葉のクローバー

巻き玉
(5020)

※鍵と四つ葉のクロバーの
図案はp.68

実物大刺しゅう図案　※指定以外は2本どり

王冠

中心

前・後ろ（各1枚）
※刺しゅうは前のみ

返し口（中袋）

本体の中心線

レゼーデージーS
(4129)＋
ストレートS(3821)

ステムS
(3821)

ステムS
(4129)

ブランケットS
(4129)

フレンチノットS
2回巻き(4129)

コーチング
(4129の6本どりを
6本どりで縫いとめる)

鍵

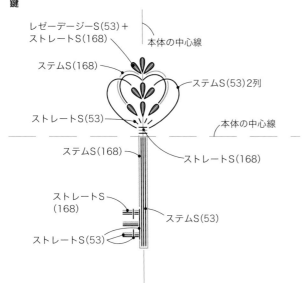

レゼーデージーS(53)＋
ストレートS(168)

本体の中心線

ステムS(168)

ステムS(53)2列

ストレートS(53)

本体の中心線

ステムS(168)

ストレートS(168)

ストレートS
(168)

ステムS(53)

ストレートS(53)

四つ葉のクローバー

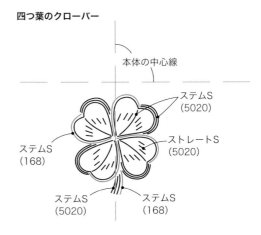

本体の中心線

ステムS
(5020)

ステムS
(168)

ストレートS
(5020)

ステムS
(5020)

ステムS
(168)

大2枚　　小2枚

※小の上に大を重ねて付ける(p.50参照)

※A〜Dはp.89の「糸の組み合わせ」を参照

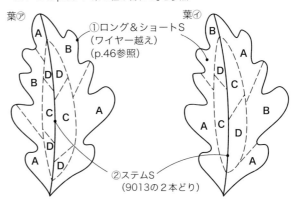

葉㋐

①ロング＆ショートS
（ワイヤー越え）
（p.46参照）

葉㋑

②ステムS
（9013の2本どり）

68

花の巾着

できあがり寸法 21.5×18cm

材料 ※色文字は段染め刺しゅう糸

COSMO刺しゅう糸……5002、8012、8061
前・後ろ用リネン（ピンク）……45×30cm
裏布（ピンク）……45×25cm
接着芯……15×10cm
丸小ビーズ（赤）……5個
丸小ビーズ（クリア）……9個
直径1cm長さ1.7cmのウッドビーズ……2個
幅0.5cmのリボン（ピンク）……110cm

作り方

1 刺しゅう部分の裏側に接着芯を貼って
  刺しゅうをする

2 仕立てる

裁ち方

前・後ろ（各1枚） (中袋同寸)

中心

ひも通し

2
ひも通し口
1.5

21.5

中心線

刺しゅう（前のみ）

返し口8（中袋）

18

※縫い代1cm付けて裁つ

できあがり図

21.5

18

※実物大刺しゅう図案はp.71

仕立て方

1
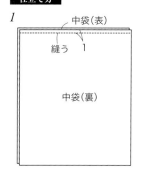
中袋（表）
縫う　1
中袋（裏）

前と中袋を中表に重ねて縫う
※後ろも同様に作る

2
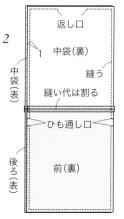
返し口
中袋（裏）
1
中袋（表）
縫う
縫い代は割る
ひも通し口
前（裏）
後ろ（表）

前・後ろ同士、中袋同士を中表に
合わせ、返し口を残して縫う

3

中袋（表）
1.5
2
ひも通し口
ミシンS
本体（表）
脇

表に返して中袋の返し口を
まつってとじ、
ひも通しをミシンS

4

リボンを長さ55cm2本にカット
本体（表）
巻き玉（8061）

左右のひも通し口から
リボンを通し、
リボンの端に巻き玉を通して結ぶ
※巻き玉の作り方はp.49参照

photo / p.23 花のティッシュケース

できあがり寸法 13×9cm

材料 ※色文字は段染め刺しゅう糸

COSMO刺しゅう糸……5002、8012

前・後ろ用リネン(ピンク)
　……30×15cm

裏布(ガーゼ)……20×15cm

接着芯……10×5cm

丸小ビーズ(赤)……3個

丸小ビーズ(クリア)……6個

作り方

1　刺しゅう部分の裏側に接着芯を
　貼って刺しゅうをする

2　仕立てる

裁ち方

本体(1枚)

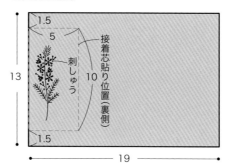

1.5
5
刺しゅう
接着芯貼り位置(裏側)
10
13
1.5
19

※左右の縫い代は1.5cm、
　そのほかは1cm付けて裁つ

裏布(1枚)

15
(裁ち切り)
19

できあがり図

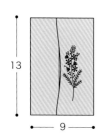

13
9

仕立て方

1

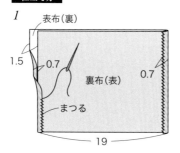

表布(裏)
1.5
0.7
裏布(表)
0.7
まつる
19

表布と裏布を外表に合わせ、
左右の縫い代を三つ折りにして
縫い目が表に出ないようにまつる

2

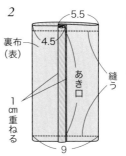

5.5
裏布(表)
4.5
あき口
縫う
1cm重ねる
9

本体の左右を1cm重ねて
たたみ直し、上下を縫う

3

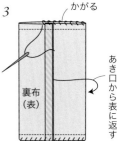

かがる
裏布(表)
あき口から表に返す

縫い代を手縫いでかがって
始末し、表に返す

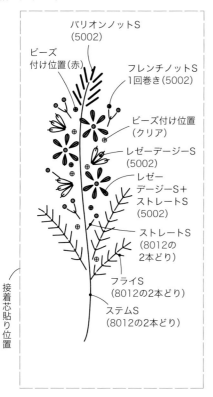

実物大刺しゅう図案

※指定以外は3本どり

バリオンノットS
(5002)

ビーズ
付け位置(赤)

フレンチノットS
1回巻き(5002)

ビーズ付け位置
(クリア)

レゼーデージーS
(5002)

レゼー
デージーS＋
ストレートS
(5002)

ストレートS
(8012の
2本どり)

フライS
(8012の2本どり)

ステムS
(8012の2本どり)

接着芯貼り位置

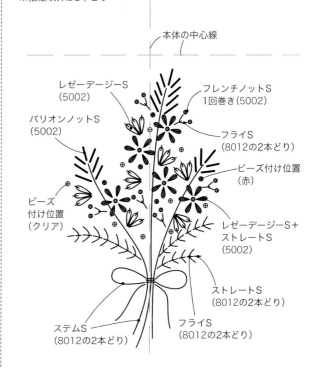

p.69の実物大刺しゅう図案

※指定以外は3本どり

本体の中心線

レゼーデージーS
(5002)

バリオンノットS
(5002)

ビーズ
付け位置
(クリア)

フレンチノットS
1回巻き(5002)

フライS
(8012の2本どり)

ビーズ付け位置
(赤)

レゼーデージーS＋
ストレートS
(5002)

ストレートS
(8012の2本どり)

ステムS
(8012の2本どり)

フライS
(8012の2本どり)

photo / *p.24* # ニードルブック

できあがり寸法 10×10 cm

材料 ※色文字は段染め刺しゅう糸

COSMO刺しゅう糸……8061、2037
表布・裏布用リネン（茶色）
　……25×40 cm
接着芯……25×20 cm
針刺し用フェルト2色（グレー、ピンク）
　……各20×10 cm
直径0.8 cmのウッドビーズ……1個
丸小ビーズ（ピンク）……1個

作り方

1　表布の裏側に接着芯を貼って
　　刺しゅうをする

2　留め具を作る

3　ループを作る

4　針刺しを作る

5　仕立てる

裁ち方

表布(1枚) （裏布同寸）

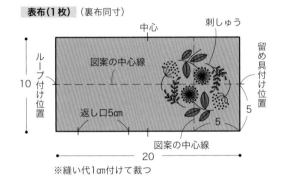

中心
刺しゅう
ループ付け位置
図案の中心線
留め具付け位置
10
5
返し口5cm
5
図案の中心線
20
※縫い代1cm付けて裁つ

針刺しA(1枚)

中心
8.5
（裁ち切り）
18

針刺しB(1枚)

中心
7.5
（裁ち切り）
ピンキングばさみで
カットする
17

できあがり図

10
10

留め具の作り方

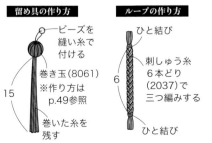

ビーズを
縫い糸で
付ける
巻き玉(8061)
※作り方は
p.49参照
15
巻いた糸を
残す

ループの作り方

ひと結び
刺しゅう糸
6本どり
(2037)で
三つ編みする
6
ひと結び

針刺しの作り方

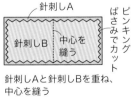

針刺しA
ピンキングばさみでカット
針刺しB
中心を
縫う

針刺しAと針刺しBを重ね、
中心を縫う

仕立て方

1

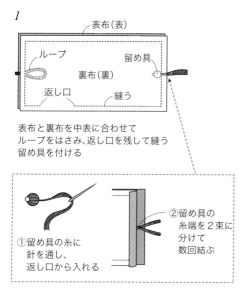

表布と裏布を中表に合わせて
ループをはさみ、返し口を残して縫う
留め具を付ける

①留め具の糸に
針を通し、
返し口から入れる

②留め具の
糸端を2束に
分けて
数回結ぶ

2

本体を表に返して返し口をまつってとじ、
本体中心に半分に折った針刺しを
縫い目が表に出ないようにまつる

実物大刺しゅう図案　※指定以外は3本どり

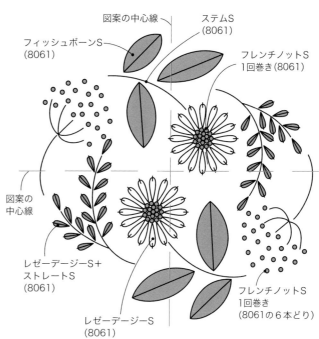

フィッシュボーンS
(8061)

図案の中心線

ステムS
(8061)

フレンチノットS
1回巻き(8061)

図案の
中心線

レゼーデージーS＋
ストレートS
(8061)

レゼーデージーS
(8061)

フレンチノットS
1回巻き
(8061の6本どり)

/photo p.24

はさみケース

できあがり寸法 12×4.5cm

材料 ※色文字は段染め刺しゅう糸

COSMO刺しゅう糸……8061、2037
ポケット布用リネン（ピンク）……20×20cm
前・後ろ用リネン（茶色）……15×15cm
接着芯……15×10cm
ポケットと後ろ用の台紙（ケント紙）……15×15cm
前用の台紙（厚さ0.1cmカートン紙）……15×10cm
キルト綿……15×10cm
両面テープ、水溶性木工用接着剤……各適量

作り方

1　前の裏側に接着芯を貼って刺しゅうをする

2　前と後ろを作る

3　ポケットを作る

4　仕立てる

裁ち方

前(1枚)

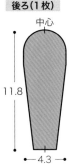

中心

12

← 4.5 →

※折り代1cm付けて
　裁つ
※台紙同寸

後ろ(1枚)

中心

11.8

← 4.3 →

※折り代1cm付けて
　裁つ
※台紙同寸

ポケット(1枚)

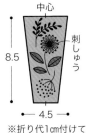

中心

8.5

刺しゅう

← 4.5 →

※折り代1cm付けて
　裁つ
※台紙同寸

前・後ろの作り方

できあがり図

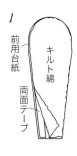

12

4.5

タッセル

1

前用台紙

キルト綿

両面テープ

前用台紙にキルト綿を
両面テープで貼る

2

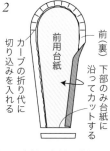

前用台紙

前（裏）下部の折り代に
切り込みを入れる

カーブの折り代に
沿ってカットする

裏側に台紙を重ね、
折り代を接着剤で
台紙に貼る

3

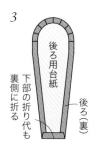

後ろ用台紙

下部の折り代も
裏側に折る

後ろ（裏）

後ろはキルト綿を入れずに
2と同様に作る
※下部の折り代は
　カットせずに台紙に貼る

ポケットの作り方

刺しゅう済みの
ポケット

ポケット用台紙

ポケット（裏）

0.5

三角にカットする

ポケットの裏に台紙を重ね、
折り代を台紙に貼る

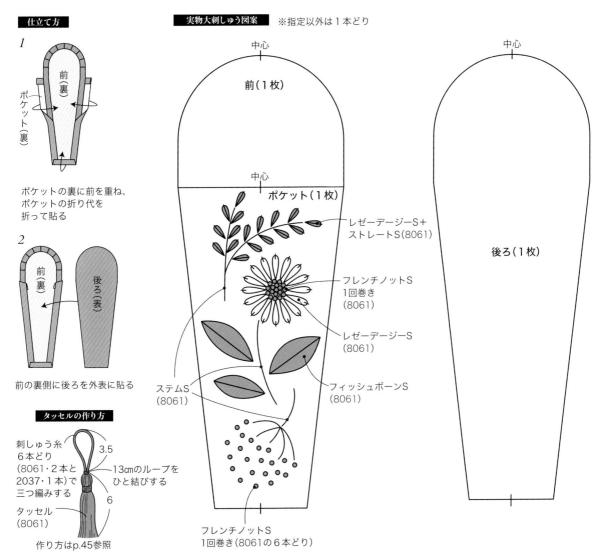

仕立て方

1

前（裏）

ポケット（裏）

ポケットの裏に前を重ね、
ポケットの折り代を
折って貼る

2

前（裏）　　後ろ（表）

前の裏側に後ろを外表に貼る

タッセルの作り方

刺しゅう糸
6本どり
（8061・2本と
2037・1本）で
三つ編みする

3.5

13cmのループを
ひと結びする

タッセル
（8061）

6

作り方はp.45参照

実物大刺しゅう図案　※指定以外は1本どり

中心

前（1枚）

中心

ポケット（1枚）

レゼーデージーS＋
ストレートS（8061）

フレンチノットS
1回巻き
（8061）

レゼーデージーS
（8061）

フィッシュボーンS
（8061）

ステムS
（8061）

フレンチノットS
1回巻き（8061の6本どり）

中心

後ろ（1枚）

ピンクッション

できあがり寸法 9×9cm

材料 ※色文字は段染め刺しゅう糸

COSMO刺しゅう糸……8061
前・後ろ用リネン（ピンク）……40×20cm
接着芯……20×20cm
綿……適量

作り方

1 前の裏側に接着芯を貼って刺しゅうをする
2 仕立てる

できあがり図

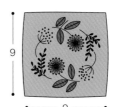

裁ち方

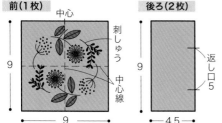

前（1枚）

中心

刺しゅう
中心線

9

9

※縫い代1cm付けて裁つ

後ろ（2枚）

返し口5

4.5

※縫い代1cm付けて裁つ

実物大刺しゅう図案

※指定以外は3本どり

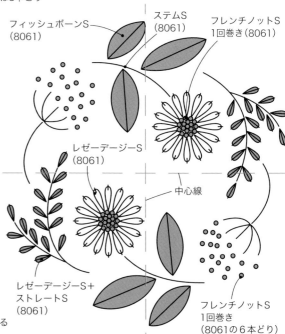

フィッシュボーンS（8061）

ステムS（8061）

フレンチノットS 1回巻き（8061）

レゼーデージーS（8061）

中心線

レゼーデージーS＋ストレートS（8061）

フレンチノットS 1回巻き（8061の6本どり）

仕立て方

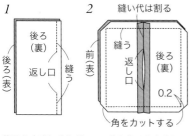

1

後ろ（裏）

後ろ（表）

返し口

縫う

後ろを中表に合わせ、返し口を残して縫う

2

縫い代は割る

縫う

前（表）

返し口

後ろ（裏）

0.2

角をカットする

前と後ろを中表に合わせて縫う

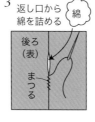

3 返し口から綿を詰める

綿

後ろ（表）

まつる

表に返して綿を詰め、返し口をまつってとじる

カップケーキのピンクッション

できあがり寸法 直径6×高さ6cm

材料 ※色文字は段染め刺しゅう糸

ブルーベリー
COSMO刺しゅう糸……8066、103（5番）、665
本体用リネン（茶色）……20×20cm
直径0.8cmのウッドビーズ……3個
1cm幅の山道ブレード（こげ茶）……20cm

シュガーローズ
COSMO刺しゅう糸……8008、8012、にしきいとNo.23
本体用リネン（ピンク）……20×20cm

チョコレート
COSMO刺しゅう糸……111（5番）、5033
本体用リネン（茶色）……20×20cm
直径0.4cmのビーズ（シルバー）……6個

ピスタチオ
COSMO刺しゅう糸……5002、105（5番）
本体用リネン（黄緑）……20×20cm

レモン
COSMO刺しゅう糸……8028、2500
本体用リネン（黄色）……20×20cm
長さ0.3cmの竹ビーズ（白）……適量

共通
接着芯……20×20cm
直径6cm高さ3cmのウッドボウル……1個
綿、多用途接着剤……適量

作り方

1　前の裏側に接着芯を貼って刺しゅうをする
2　仕立てる

裁ち方

本体（1枚）

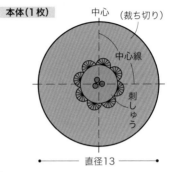

中心　（裁ち切り）
中心線
刺しゅう
直径13

※5点とも、実物大図案はp.78を参照

できあがり図 （5点同寸）

ブルーベリー

シュガーローズ

チョコレート　ピスタチオ

レモン

6 × 6

仕立て方

1
ぐし縫い
本体（裏）
接着芯
周囲をぐし縫いする

2
本体（表）
綿
糸を引き絞り、中に綿を詰める

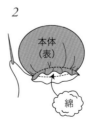

3
本体（表）
接着剤
ブレード
ウッドボウル
ウッドボウルの内側に接着剤を付け（ブルーベリーはブレードを貼る）、本体を入れる

ブルーベリー

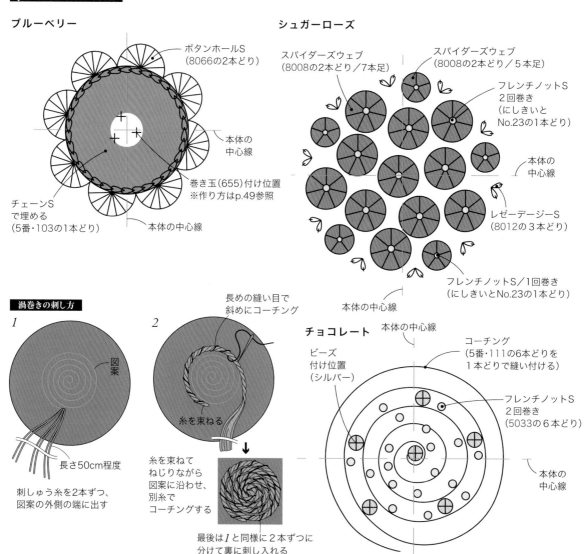

ボタンホールS
（8066の2本どり）

本体の
中心線

巻き玉（655）付け位置
※作り方はp.49参照

チェーンS
で埋める
（5番・103の1本どり）

本体の中心線

シュガーローズ

スパイダーズウェブ
（8008の2本どり／7本足）

スパイダーズウェブ
（8008の2本どり／5本足）

フレンチノットS
2回巻き
（にしきいと
No.23の1本どり）

本体の
中心線

レゼーデージーS
（8012の3本どり）

フレンチノットS／1回巻き
（にしきいとNo.23の1本どり）

本体の中心線

渦巻きの刺し方

1

図案

長さ50cm程度

刺しゅう糸を2本ずつ、
図案の外側の端に出す

2

長めの縫い目で
斜めにコーチング

糸を束ねる

糸を束ねて
ねじりながら
図案に沿わせ、
別糸で
コーチングする

最後は*1*と同様に2本ずつに
分けて裏に刺し入れる

チョコレート　本体の中心線

ビーズ
付け位置
（シルバー）

コーチング
（5番・111の6本どりを
1本どりで縫い付ける）

フレンチノットS
2回巻き
（5033の6本どり）

本体の
中心線

レモン

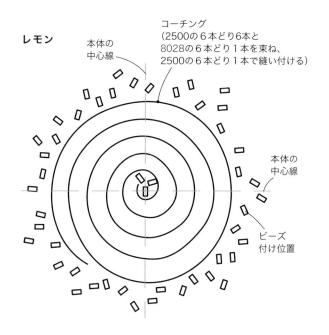

コーチング
（2500の6本どり6本と
8028の6本どり1本を束ね、
2500の6本どり1本で縫い付ける）

本体の中心線

本体の中心線

ビーズ付け位置

ピスタチオ　※渦巻きの刺し方はp.78参照

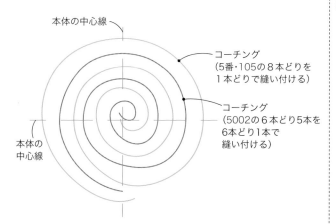

本体の中心線

コーチング
（5番・105の8本どりを
1本どりで縫い付ける）

コーチング
（5002の6本どり5本を
6本どり1本で縫い付ける）

本体の中心線

---

p.83の実物大刺しゅう図案　※指定以外は1本どり

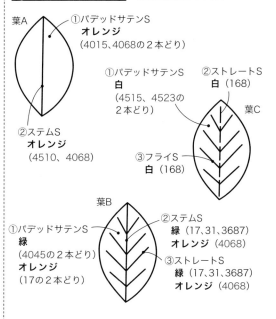

葉A

①パデッドサテンS
オレンジ
（4015、4068の2本どり）

②ステムS
オレンジ
（4510、4068）

①パデッドサテンS
白
（4515、4523の
2本どり）

②ストレートS
白（168）

葉C

③フライS
白（168）

葉B

①パデッドサテンS
緑
（4045の2本どり）
オレンジ
（17の2本どり）

②ステムS
緑（17、31、3687）
オレンジ（4068）

③ストレートS
緑（17、31、3687）
オレンジ（4068）

---

p.87の実物大刺しゅう図案　※指定以外は2本どり

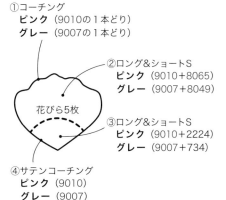

①コーチング
ピンク（9010の1本どり）
グレー（9007の1本どり）

②ロング&ショートS
ピンク（9010+8065）
グレー（9007+8049）

花びら5枚

③ロング&ショートS
ピンク（9010+2224）
グレー（9007+734）

④サテンコーチング
ピンク（9010）
グレー（9007）

草花のポーチ

できあがり寸法 黄色 10.5×11cm　グレー 15×23cm

材料　※色文字は段染め刺しゅう糸

黄色
DMC刺しゅう糸……4501、907
前・後ろ用リネン（黄色）……40×25cm
中袋用の布（白）……30×20cm
接着芯……15×10cm
長さ13cmのファスナー……1本

グレー
DMC刺しゅう糸……4521、17
前・後ろ用リネン（グレー）……55×20cm
中袋用の布（白）……50×20cm
接着芯……20×15cm
長さ20cmのファスナー……1本

作り方

1　刺しゅう部分の裏側に接着芯を貼って刺しゅうをする

2　ファスナーを付ける

3　仕立てる

※実物大刺しゅう図案はp.82

できあがり図

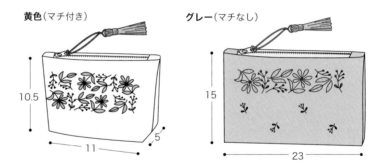

黄色（マチ付き）　　　　　　グレー（マチなし）

10.5　　11　　5

15　　23

裁ち方

前・後ろ(各1枚)（中袋同寸）

黄色

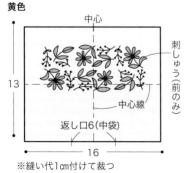

中心
刺しゅう（前のみ）
中心線
13
返し口6(中袋)
16
※縫い代1cm付けて裁つ

グレー

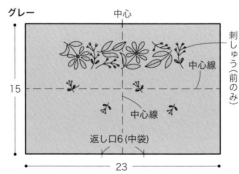

中心
刺しゅう（前のみ）
中心線
中心線
15
返し口6(中袋)
23
※縫い代1cm付けて裁つ

ファスナー端布(2枚)

2点共通
（裁ち切り）
3
5

1

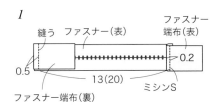

縫う ファスナー(表) ファスナー端布(表)

0.2

0.5 13(20) ミシンS

ファスナー端布(裏)

ファスナーの両端にファスナー端布を
中表に重ねて縫い合わせ、
表に返してミシンS
※( )内はグレーの寸法

2

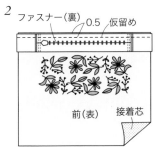

ファスナー(裏) 0.5 仮留め

前(表) 接着芯

刺しゅうした前にファスナーを
中表に重ねて仮止めする

3

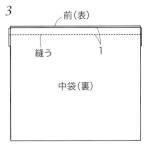

前(表)

縫う 1

中袋(裏)

中袋を中表に重ねて縫う
※同様にして反対側のファスナーに
　後ろともう1枚の中袋を縫い付ける

1

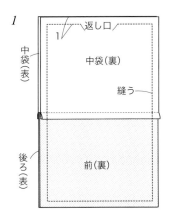

1 返し口

中袋(表) 中袋(裏)

縫う

後ろ(表) 前(裏)

前・後ろ同士、中袋同士を中表に合わせ、
返し口を残して縫う

2

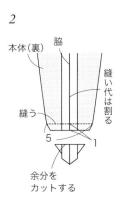

本体(裏) 脇

縫う 縫い代は割る

5 1

余分を
カットする

マチ付きの黄色のポーチは、
底をたたんでマチを縫い、
余分な縫い代はカットする
※中袋側も同様に作る

3

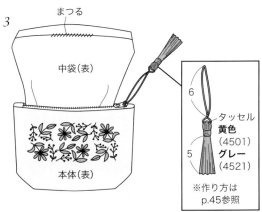

まつる

中袋(表)

本体(表)

6

タッセル
黄色
(4501)
グレー
(4521)

5

※作り方は
p.45参照

表に返して中袋の返し口をまつってとじ、
タッセルをファスナーの引き手に付ける

※150%に拡大して使用する
※指定以外は2本どり

黄色

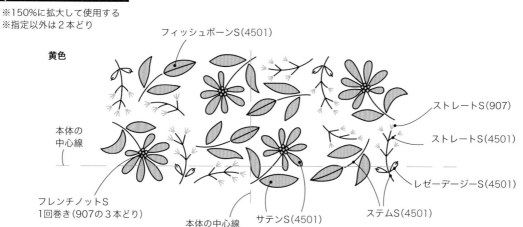

フィッシュボーンS（4501）

ストレートS（907）

ストレートS（4501）

本体の
中心線

レゼーデージーS（4501）

フレンチノットS
1回巻き（907の3本どり）

サテンS（4501）

ステムS（4501）

本体の中心線

グレー

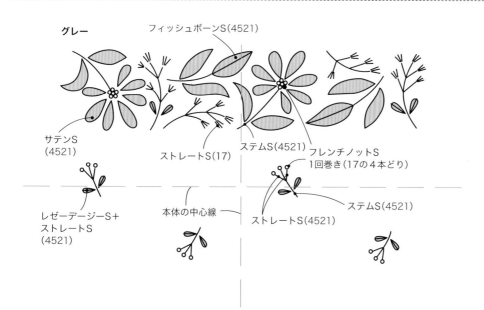

フィッシュボーンS（4521）

サテンS
（4521）

ストレートS（17）

ステムS（4521）

フレンチノットS
1回巻き（17の4本どり）

ステムS（4521）

レゼーデージーS＋
ストレートS
（4521）

本体の中心線

ストレートS（4521）

photo / *p.29* # 葉のブローチ

出来上がり寸法 10×5cm

材料 ※色文字は段染め刺しゅう糸 ※材料は1点分

オレンジ
DMC刺しゅう糸……4068、4510、17
葉用布（白）……20×20cm
#26の地巻きワイヤー（白）……30cm×6本
幅0.5cmのサテンリボン（黄色）……25cm

緑
DMC刺しゅう糸
　……4050、17、31、3362、3687
葉用布（緑）……20×20cm
#26の地巻きワイヤー（緑）……30cm×6本

白
DMC刺しゅう糸
　……4015、4523、168、341、3747
葉用布（白）……20×20cm
#26の地巻きワイヤー（白）……30cm×6本
幅0.5cmのベルベットリボン（水色）……25cm

共通
幅2.5cmのブローチピン……1個

作り方

1　立体刺しゅうで葉を刺しゅうする（p46参照）
2　周囲の布を切り取って葉を作る（p.47〜48参照）
3　葉を束ねて茎に糸を巻く（p.50参照）
4　ブローチに仕上げる

できあがり図 （3点とも同寸） ※葉の実物大型紙はp.79

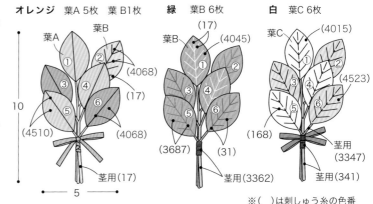

オレンジ　葉A 5枚　葉B1枚

葉B（17）
葉A
（4068）
（17）
10
（4510）
（4068）
5
茎用（17）

緑　葉B 6枚

葉B（17）
（4045）
（3687）
（31）
茎用（3362）

白　葉C 6枚

葉C（4015）
（4523）
（168）
茎用（341）
茎用（3347）

※（ ）は刺しゅう糸の色番

葉の作り方

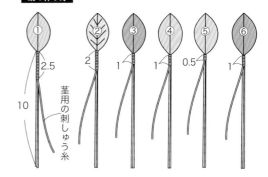

①　②　③　④　⑤　⑥
2.5　2　1　1　0.5　1
10
茎用の刺しゅう糸

葉A〜Cを6枚作り、茎用の刺しゅう糸60cmを
葉の根元から指定の長さ分巻く

1

1.5　結び目

1　結び目　0.3　結び目

葉を2本ずつ束ねて、根元を巻いた糸の
1本で巻き、それぞれの葉のワイヤー
1本ずつを結び目のきわでカットして
2本にする

2

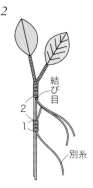

結び目

2
1

別糸

結び目より2cm下の
1cm分に接着剤を付け、
別糸を巻く（p.50参照）

3

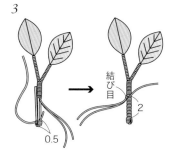

0.5　→　結び目　2

巻いた1cm分を折り上げて
結び目まで糸を巻いて結び、
ワイヤーを結び目のきわで切る
※残りの2組の葉も同様に作る

4

②　①
④　③

結び目

①・②と③・④の2組を
束ねてすべての糸で
2回巻いて結ぶ

5

⑥　⑤

1.5
結び目

⑤・⑥を重ねて
長めに残っている
2本の糸で1.5cmほど
巻いて結ぶ

6

固結び

残っている糸同士で
固結びをし、
結び目に接着剤を
付けて糸を切る

1

ブローチ
ピン

裏側に
ブローチピンを
縫い付ける

2

オレンジ

リボンを
蝶結びに
する

白

リボン2本を
たたんで重ね、
縫い留める

3.5

刺しゅう糸を巻いて
留め付ける

オレンジと白は、
結び目にリボンを結ぶ
緑は別糸を
結び目の上に巻き、
糸端を針に通して
糸に絡ませて切る

緑

別糸

葉のブローチ（ブルー）

できあがり寸法 8×6cm

材料 ※色文字は段染め刺しゅう糸

DMC刺しゅう糸
　……4025、4030、502、3807
葉用布（白）……20×20cm
26番の地巻きワイヤー（白）……30cm×3本
直径0.8cmのウッドビーズ……3個
丸小ビーズ（クリアブルー）……3個
幅0.5cmのサテンリボン（グレー）……25cm
幅2.5cmのブローチピン……1個

作り方

1 立体刺しゅうで葉を刺しゅうする
　　（p.46参照）

2 周囲の布を切り取って葉を作る
　　（p.47〜48参照）

3 ウッドビーズの巻き玉を作り
　　（p.49参照）、葉に付ける

4 ブローチに仕上げる

できあがり図

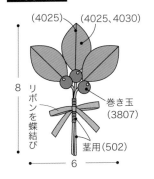

(4025)　(4025、4030)

8　リボンを蝶結び

6

巻き玉
（3807）

茎用（502）

葉の作り方

10

葉を3枚作る

葉に実を付ける

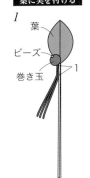

1

葉

ビーズ

巻き玉

1

2

2.7

別糸

2

1.5

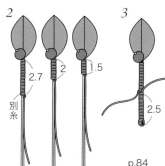

3

2.5

巻き玉を3個作り、それぞれ葉の根元に接着剤で貼る

巻き玉の糸とワイヤーに別糸を指定の長さ分巻く

p.84
「葉の束ね方」
*2〜3*を参照して
ワイヤー下部を
始末する

仕上げる

ブローチピン

p.84
「葉の束ね方」
*4*と*6*を参照
「仕上げる」
*1〜2*を参照

実物大刺しゅう図案

①パデッドサテンS
　（4025+4030の2本どり）

②ステムS
　（4025の1本どり）

ウッドビーズのネックレス

できあがり寸法 白 長さ約42cm　紫 長さ約40cm

材料　※色文字は段染め刺しゅう糸

白
DMC刺しゅう糸……4508、165、758、762、3778
直径0.8cmのウッドビーズ……33個
丸大ビーズ（白）……適量
板カン、引き輪、直径0.2cmの丸カン……各1個
ボールチップ、直径0.1cmカシメ玉……各2個
テグス（2〜3号）……適量

紫
DMC刺しゅう糸……4514
直径0.8cmのウッドビーズ……12個
直径0.5cmのカットビーズ（青）……2個
直径0.4cmの角ビーズ（紫）……2個
直径0.4cmのひし形ビーズ（緑）、（青）……各4個
直径0.4cmのひし形ビーズ（ピンク）……3個
丸小ビーズ（黒）……適量
アジャスター、引き輪、
　　直径0.2cmの丸カン……各1個
ボールチップ、直径0.1cmカシメ玉……2個
テグス（2〜3号）……適量

作り方

1　ウッドビーズに刺しゅう糸を巻いて巻き玉を作る
　　（p.49参照）

2　ビーズと巻き玉を図のようにテグスに通す

3　留め金具を付ける

できあがり図

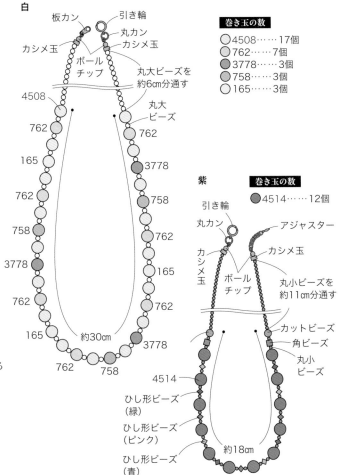

白

板カン　引き輪　丸カン　カシメ玉　ボールチップ
丸大ビーズを約6cm分通す　丸大ビーズ

4508　762　165　762　758　3778　762　165　762　3778　762　758

約30cm

巻き玉の数
4508……17個
762……7個
3778……3個
758……3個
165……3個

紫

引き輪　丸カン　カシメ玉　ボールチップ　アジャスター　カシメ玉
丸小ビーズを約11cm分通す
カットビーズ　角ビーズ　丸小ビーズ

4514　ひし形ビーズ（緑）　ひし形ビーズ（ピンク）　ひし形ビーズ（青）

約18cm

巻き玉の数
4514……12個

花のブローチ

できあがり寸法 3.5×3.5cm

材料 ※色文字は段染め刺しゅう糸 ※材料は1点分

ピンク

COSMO刺しゅう糸……8065、9010、2224

花びら用布（ピンク）……20×20cm

丸小ビーズ（ピンククリア）……適量

グレー

COSMO刺しゅう糸………8049、9007、734

花びら用布（ブルー）……20×20cm

丸小ビーズ（ブルークリア）……適量

共通

30番の地巻きワイヤー（白）

　……15cm×5本

直径2.5cmシャワー台付き

　ブローチ金具……1個

作り方

1　立体刺しゅうで花びらを刺しゅうする
　（p.46参照）

2　周囲の布を切り取って花びらを作る
　（p.48参照）

3　花びらをブローチに仕立てる

できあがり図 ※花びらの実物大型紙はp.79

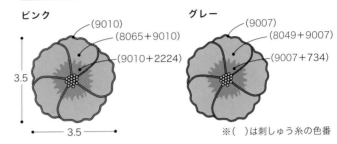

ピンク
- (9010)
- (8065+9010)
- (9010+2224)

3.5
3.5

グレー
- (9007)
- (8049+9007)
- (9007+734)

※（　）は刺しゅう糸の色番

仕立て方

1　花びら（表）

3

花びらを5枚作る

2　花びら

シャワー台（表）

表側から花びらの
ワイヤーを穴に差し込む

花びらを
差し込む位置

3

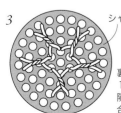

シャワー台（裏）

裏でワイヤーを
1本ずつに分けて
隣の花びらのワイヤーと
合わせてねじる

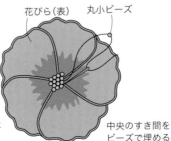

花びら（表）　丸小ビーズ

中央のすき間を
ビーズで埋める

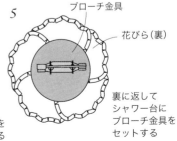

5

ブローチ金具

花びら（裏）

裏に返して
シャワー台に
ブローチ金具を
セットする

photo /*p.32* 白い花とベリーの額

できあがり寸法 9.5×9.5cm（額の内寸）

材料 ※色文字は段染め刺しゅう糸

DMC刺しゅう糸……107、4210、4240、3078、Blanc

土台布用リネン（ライトグレー）……20×20cm

裏布……20×20cm

花びら用布（白）……20×20cm

フェルト（赤）……5×5cm

#30の地巻きワイヤー（白）……11cm×6本

内寸10×10cmの額……1個

作り方

1 土台布の裏に裏布を重ねて地刺しの刺しゅうをする

2 立体刺しゅうで花びらを作る（p.46～48参照）

3 花びらを取り付けて（p.48参照）
   花の中心にフレンチノットSを刺し、

4 額装する（p.44参照）

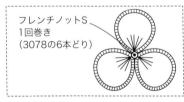

フレンチノットS
1回巻き
（3078の6本どり）

花びら(6枚)の実物大刺しゅう図案

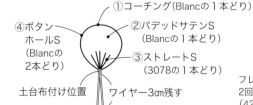

①コーチング（Blancの1本どり）

④ボタン
ホールS
（Blancの
2本どり）

②パデッドサテンS
（Blancの1本どり）

③ストレートS
（3078の1本どり）

土台布付け位置　　ワイヤー3cm残す

地刺しの実物大刺しゅう図案　※指定以外は2本どり

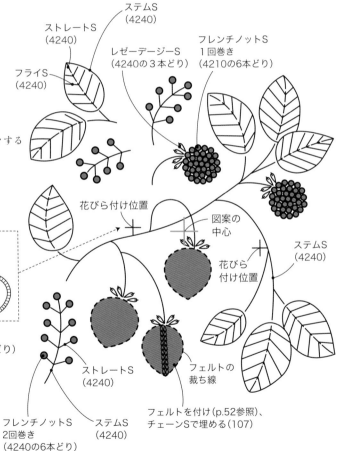

ステムS
（4240）

ストレートS
（4240）

レゼーデージーS
（4240の3本どり）

フレンチノットS
1回巻き
（4210の6本どり）

フライS
（4240）

花びら付け位置

図案の
中心

ステムS
（4240）

花びら
付け位置

ストレートS
（4240）

フェルトの
裁ち線

フレンチノットS
2回巻き
（4240の6本どり）

ステムS
（4240）

フェルトを付け（p.52参照）、
チェーンSで埋める（107）

photo **p.34**　# どんぐりと葉の額

できあがり寸法　9×9cm（額の内寸）

材料　※色文字は段染め刺しゅう糸

COSMO 刺しゅう糸
　……5007、5014、9012、9013、
　308、309、466、467、576
土台布用リネン（ベージュ）、裏布
　……各20×20cm
葉用布（ベージュ）……20×20cm
フェルト（ベージュ）……5×5cm
#30の地巻きワイヤー（緑）
　……葉・22cm×2本
　……実・10cm×5本
直径0.6cmのウッドビーズ
　……5個
丸小ビーズ（オレンジ）……5個
内寸9×9cmの額……1個

地刺しの実物大刺しゅう図案
※矢印はステッチの方向
※指定以外は2本どり

葉⑦付け位置
実⑦付け位置
実⑦付け位置
実⑦付け位置
ステムS（308の3本どり）
葉⑦付け位置

糸の組み合わせ
A…9012+9013
B…9013+5007
C…9013+5014
D…9013+5014

①バックS（9013）
図案の中心
※実物大刺しゅう図案はp.68

①フェルトを付け（p.50参照）、フェルト全体にサテンS（576の1本どり）

②サテンS（9012の1本どり）

②バックSを越えてロング&ショートS
※糸の組み合わせ参照

③ステムS（9013）

③フレンチノットS 1回巻き（9012の2本どり）

作り方

1　土台布の裏に裏布を重ねて地刺しの刺しゅうをする

2　立体刺しゅうで葉を作る（p.46～48参照）

3　ウッドビーズの巻き玉を作り、ワイヤーを差して実を作る（p.49～50参照）

4　土台布に葉と実のワイヤーを取り付ける

5　額装する（p.44参照）

葉の作り方
※実物大刺しゅう図案はp.68

葉⑦　葉⑦
茎用（308の1本どり）
3　1
葉⑦は茎に刺しゅう糸を巻く（p.50参照）

実の作り方

1
ビーズ
巻き玉（466で3個 467で2個）
10
ワイヤー

巻き玉を5個作り、ワイヤーを差す

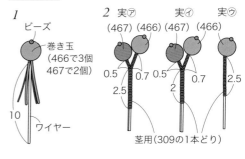

2　実⑦（467）（466）　実⑦（467）（466）　実⑦（466）
0.5　0.7　0.5　0.7　2.5
2.5　2
茎用（309の1本どり）

糸を巻いて実を束ねる（p.83～84参照）

photo / *p.36*

花と蝶の額

できあがり寸法 9×9cm（額の内寸）

材料 ※色文字は段染め刺しゅう糸

DMC刺しゅう糸……53、4025、4047、
　4050、4090、4120、4135、4170、
　4260、4522、33、722

土台布用リネン（グレー）……25×25cm

裏布……25×25cm

蝶の羽用布（白）……15×15cm

#30の地巻きワイヤー（白）
　　……11cm×5本

内寸15×15cmの額……1個

作り方

1　土台布に裏布を重ねて地刺しの
　　刺しゅうをする

2　立体刺しゅうで蝶の羽を作る
　　（p.46〜48参照）

3　土台布に蝶の羽を縫い付ける
　　（p.48参照）

4　額装する（p.44参照）

66.7%縮小刺しゅう図案

※150%に拡大して使用する
※指定以外は53の3本どり
※蝶の触角と頭、体は53の濃色を使う

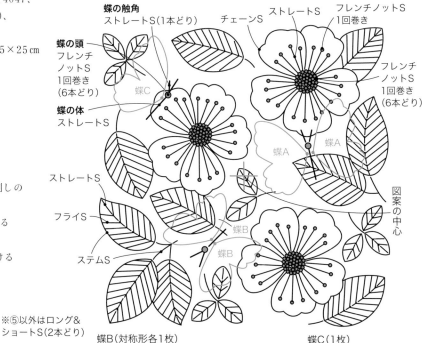

蝶の触角
ストレートS（1本どり）

蝶の頭
フレンチノットS
1回巻き
（6本どり）

蝶の体
ストレートS

チェーンS　ストレートS　フレンチノットS
1回巻き

フレンチノットS
1回巻き
（6本どり）

ストレートS

フライS

ステムS

図案の中心

蝶C

蝶A

蝶A

蝶B

蝶B

蝶の羽の実物大刺しゅう図案

※⑤以外はロング＆
ショートS（2本どり）

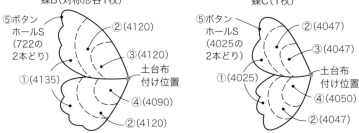

蝶A（対称形各1枚）

①（4522）
②（4260）
③（4260）
⑤ボタン
ホールS
（33の2本どり）
④（4170）
②（4260）
土台布
付け位置

蝶B（対称形各1枚）

⑤ボタン
ホールS
（722の
2本どり）
①（4135）
②（4120）
③（4120）
④（4090）
②（4120）
土台布
付け位置

蝶C（1枚）

⑤ボタン
ホールS
（4025の
2本どり）
①（4025）
②（4047）
③（4047）
④（4050）
②（4047）
土台布
付け位置

青いことり

材料　※色文字は段染め刺しゅう糸

COSMO 刺しゅう糸

　……5031、8003、8024、
　8051、8052、8053

実物大刺しゅう図案　※指定以外は2本どり

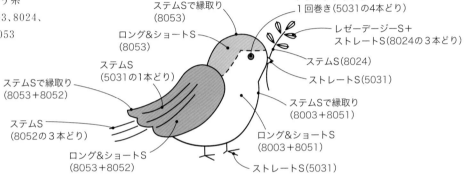

ステムSで縁取り
(8053)

ロング&ショートS
(8053)

ステムS
(5031の1本どり)

ステムSで縁取り
(8053＋8052)

ステムS
(8052の3本どり)

ロング&ショートS
(8053＋8052)

フレンチノットS
1回巻き(5031の4本どり)

レゼーデージーS＋
ストレートS(8024の3本どり)

ステムS(8024)

ストレートS(5031)

ステムSで縁取り
(8003＋8051)

ロング&ショートS
(8003＋8051)

ストレートS(5031)

花のサンプラー

材料　※色文字は段染め刺しゅう糸

DMC 刺しゅう糸

　……4045、4120、4200、4260、
　772、3078

実物大刺しゅう図案　※指定以外は2本どり

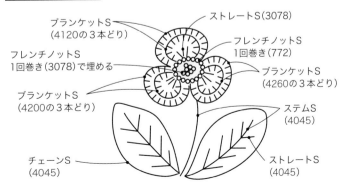

ブランケットS
(4120の3本どり)

フレンチノットS
1回巻き(3078)で埋める

ブランケットS
(4200の3本どり)

ストレートS(3078)

フレンチノットS
1回巻き(772)

ブランケットS
(4260の3本どり)

ステムS
(4045)

チェーンS
(4045)

ストレートS
(4045)

カバー・本扉・カバー裏

材料　※色文字は段染め刺しゅう糸

DMC刺しゅう糸
　……4045、4070、4128、4250、4509、4510
COSMO刺しゅう糸
　……5014、5020、5025、8061、9014

ステッチの種類　※指定以外は2本どり

フィッシュ
ボーンS

ステムS
（3本どり）

フレンチノットS
1回巻き（6本どり）

ステムS
（3本どり）

ステムS

スパイダーズウェブ

ステムS
（3本どり）

ステムS

レゼーデージーS
（3本どり）

ステムS
（3本どり）

レゼーデージーS＋
ストレートS
（3本どり）

ステムS

レゼーデージーS

ストレートS（3本どり）

ステムS
（3本どり）

レゼーデージーS＋
ストレートS

レゼーデージーS

ステムS（3本どり）

フレンチノットS
2回巻き（6本どり）

フレンチノットS
1回巻き
（6本どり）

ステムS
（3本どり）

ストレートS
（3本どり）

フライS

フレンチノットS
2回巻き

ステムS

ストレートS

(5020)　(4250)　(5025)

(9014)

(8061)

図案の中心

(4045)

(4070)　(4128)

(4509)

(5014)

(4510)

材料　※色文字は段染め刺しゅう糸

DMC 刺しゅう糸……4260、4120
COSMO 刺しゅう糸……8013、8066、5002、5016、5020、5023

実物大刺しゅう図案

※指定外は2本どり

レゼーデージーS(8066)

ストレートS
(8066)

バックS
(8066)

ステムS
(5020)

フィッシュ
ボーンS
(5020)

ステムS(8013)

レゼーデージーS＋
ストレートS
(8013の3本どり)

レゼーデージーS
(5016)

フライS
(5023)

レゼーデージーS
(5020)

ステムS(5020)

レゼーデージーS＋
ストレートS
(5020の3本どり)

ステムS
(5016)

レゼーデージーS＋
ストレートS
(5016の3本どり)

フィッシュボーンS
(5016)

チェーンS
(4260)

(5002)

ストレートS

フレンチノットS
1回巻き（3本どり）

(4120)

材料 ※色文字は段染め刺しゅう糸

DMC 刺しゅう糸……53、4000、4010、4020、4073、4120、4240
COSMO 刺しゅう糸
……5002、5004、5014、5016、5020、5022、5023、5024、5025、
　　8013、8057、8065、9010

ステッチの種類 ※指定以外は2本どり

フィッシュ
ボーンS

レゼーデージーS＋
ストレートS

レゼーデージーS

スパイダーズ
ウェブ

レゼーデージーS＋
ストレートS
（3本どり）

フレンチ
ノットS
1回巻き
（4本どり）

ストレートS

ステムS

実物大刺しゅう図案

(8013)

(4010)

(5022)

(4020)

ステムS
(5022)

(5020)

(4240)

(5016)

ステムS
(4010)

(5014)

(8013)

ステムS
(5016)

(4073)

(5014)

(4120)

ステムS
(9010)

(5004)

(9010)

(5002)

(53)

(8057)

(5025)

(5023)

(5024)

(8065)

ステムS
(8065)

ストレートS
(8065)

ステムS
(4000)

美しいグラデーションが楽しめる
段染め糸の刺繍

2023年1月1日　　第1刷発行

著　者　　　小西ゆり
発行者　　　吉田芳史
印刷所　　　図書印刷株式会社
製本所　　　図書印刷株式会社
発行所　　　株式会社 日本文芸社
　　　　　　〒100-0003 東京都千代田区一ツ橋1-1-1
　　　　　　パルスサイドビル8F
　　　　　　TEL 03-5224-6460（代表）

Printed in Japan 112221212-112221212Ⓝ01(200031)
ISBN978-4-537-22060-5
URL https://www.nihonbungeisha.co.jp/
©yurikonishi 2023
（編集担当　牧野）

内容に関するお問い合わせは
小社ウェブサイトお問い合わせフォームまでお願いいたします。
ウェブサイト　https://www.nihonbungeisha.co.jp/

小西ゆり　　*Yuri Konishi*

刺繍作家
東京都在住
5年半の英国在住中にスタンプワーク刺繍を学び、刺繍技法書の作品制作に携わり、講師認定コースを修了。
2011年に帰国後、カルチャースクールの講師を務めながら、自宅などで教室Atelier Yuriを主宰。
独自の技法を取り入れながら、立体刺繍の作品を多数製作し、幅広く活動中。
『はじめての立体刺しゅう』（アシェット・コレクションズ・ジャパン）では、監修と作品制作を務める。
Instagram：atelier_yuri_2020
HP：https://yuri-needlework.com

[スタッフ]
撮影　　　　　　溝口智彦、天野憲仁（日本文芸社）
スタイリング　　桑原りさ
デザイン　　　　関根千晴（スタジオダンク）
イラスト・製図　爲季法子
編集　　　　　　坂口柚季野（フィグインク）、佐々木純子
作品製作協力　　能條治子、後藤明美、藤原まや、小西かな
作品縫製協力　　千葉和子、鶴田優子

[材料提供]
・株式会社ルシアン
　〒600-8864 京都市下京区七条御所ノ内南町103 ワコール京都ビル
　お客様センター
　TEL：0120-817-125
　平日10：00〜17：00（土・日・祝除く）
　※「COSMO」「Seasons」「にしきいと」は株式会社ルシアンの登録商標です。
・ディー・エム・シー株式会社
　〒101-0035 東京都千代田区神田紺屋町13番地　山東ビル7F
　TEL 03-5296-7831

[額提供]
・せんび
　〒168-0064 東京都杉並区永福4-4-5
　TEL 03-3325-4986